Regine Sonnleitner

# Gefühlsimpulse aus dem Seelenuniversum

AF667797

**Regine Sonnleitner**

# Gefühlsimpulse aus dem Seelenuniversum

Rediroma-Verlag

Bibliografische Information der Deutschen Nationalbibliothek:
Die Deutsche Nationalbibliothek verzeichnet diese Publikation in der Deutschen Nationalbibliografie; detaillierte bibliografische Daten sind im Internet über http://portal.dnb.de abrufbar.

ISBN 978-3-98885-047-8

Copyright (2023) Rediroma-Verlag

Umschlagillustration: Regine Sonnleitner

Alle Rechte beim Autor

www.rediroma-verlag.de
12,95 Euro (D)

# Inhaltsverzeichnis

# Autorenporträt

Kein Mensch beschreibt sich gerne selbst. Ich würde mich als kleinen Regentropfen beschreiben, voller Energie und Tatendrang, wenn er vom Himmel fällt. Unterschätzt und auch nicht immer gerne gesehen, doch kraftvoll und stark. Die Wärme, die der Tropfen empfängt, wenn die Sonne ihn wieder zum Himmel emporholt, geben ihm die Kraft, immer wieder aufs Neue zu fallen, denn das Wissen um die Sonne verlässt ihn nie.

Ein kleiner einzelner Regentropfen in einem großen Regenschauer, das bin ich, Regine Sonnleitner.

www.regine-sonnleitner.de

## Vorwort

Du hast hier ein Buch in deinen Händen, in dem sich viele kleine Gefühlsimpulse, direkt aus meiner Seele, befinden. Gedanken sind oft unausgesprochene Gefühle und für Gefühle ist unsere Seele verantwortlich. Sie fliegen durch uns hindurch, halten uns einige Momente in einer Phase der Stille und nehmen uns mit in eine Welt, die unsere ist. Sie filtern unsere Sorgen, Ängste, Träume und Wünsche. Auch Glücksgefühle und Gefühle der Trauer verarbeiten wir mit ihnen. Sie bringen uns auf Wege, die wir sonst nicht erreichen würden. Sie eröffnen uns Möglichkeiten, etwas zu überdenken, eine Situation anzuerkennen, jedoch auch neue Blickwinkel auszukundschaften. Die Welt der Gedanken ist frei und nicht kritisierbar. Sie steht und fällt mit dem Denkenden. Gefühlsimpulse, in Form von Gedanken, beherrschen unser Leben im

Verborgenen und sind allgegenwärtig. Sie jedoch zu hören und an unserem Leben teilhaben zu lassen, ist nicht einfach. Man muss sich die Zeit nehmen, in sich zu gehen und vor allem zuzuhören, wenn die innere Stimme zu uns spricht.

Auf den nachfolgenden Seiten findest du eine kleine Sammlung meiner magischen Gedankenwelt. Vor langer Zeit habe ich angefangen, sie zu Papier zu bringen. In meinen schwersten Zeiten hörte ich sie zu mir sprechen. Ich lauschte dieser Stimme in mir und plötzlich waren sie da und wurden ein kraftvoller Teil meines Lebens. Viele Situationen meisterte ich mit ihnen. Ich analysierte viele Erlebnisse und Erfahrungen in ihnen und suchte mir damit den kleinen Hoffnungsschimmer, um weiterzugehen. Sie aufzuschreiben, half noch mal mehr. So konnte ich meine Gedanken immer wieder hervorholen, wenn ich den Blickwinkel nicht mehr erkennen konnte. Ich möchte dich hier ein kleines Stück mitnehmen, in die magische Welt meiner Gedanken, verpackt in kleine Geschichten und Gedichten.

Eine Welt, die in jeden steckt, und doch kaum einer kennt sie. Es ist die Welt, die wir uns so formen können, wie wir es wollen. Sie ist unser Wesen und unser Sein.

Auch befinden sich einige Fotografien darin. Ich habe sie schwarzweiß gelassen, denn so kannst du selbst deine Farben hineinbringen. Die Vorstellungskraft ist in dir, um schwarzweiß in bunt zu sehen, und ein Farbstift gibt dir die Möglichkeit, alles in schöne Farben zu verwandeln.

Ich wünsche dir einen entspannten Aufenthalt in der Welt meiner Gefühlsimpulse, aus meinem großen Seelenuniversum.

## Wolkenadler

Ein weißes Blatt Papier liegt vor mir. Mit dem Stift in der Hand überlege ich. Wie könnte ich anfangen? Ich drehe meinen Kopf und sehe aus dem Fenster. Es ist ein sommerlicher Tag. Helle Quellwolken ziehen am Himmel entlang. Ich höre die Vögel zwitschern. Leise rauschen die Blätter der Bäume im leichten Wind. Die Wolken faszinieren mich. Weich und schneeweiß sehen sie aus. Sie verformen sich und ich kann es nicht lassen, hineinzusehen. Ist dies nun ein Drache oder ein Pferd? Schon als Kind sah ich gerne in die Wolken und ließ meiner Fantasie freien Lauf.

Eine leichte Windböe treibt die Wolken auseinander und dann sehe ich ihn. Ganz klar erscheint er vor mir am Himmel. Ein Wolkenadler. Ich beginne zu lächeln und mir kommt es vor, als zwinkert er mir zu. Seine Schwingen sind voll ausgebreitet, ein majestätisches Tier, voller Freiheit und Tatendrang. Eine weitere Böe treibt die Wolken hinweg. Traurig schaue ich der Sonne entgegen, die nun am blauen Himmel steht.

Ich seufze tief auf und sehe auf mein weißes Blatt. Ich stutze. Wo kommen die Schnipsel her? Der ganze Tisch ist bedeckt. In meiner Hand halte ich eine Schere. Ich lege sie beiseite, nehme das übriggebliebene Papier und sehe es an. Es ist gefaltet und stellenweise zerschnitten. Ich falte den Bogen auseinander und halte den Rest ins Sonnenlicht. Mein Herz klopft vor Aufregung, als ich es sehe.

Da ist er. Mein Wolkenadler in seiner ganzen Pracht. Als Scherenschnitt, in der Versunkenheit meiner Träume entstanden.

## Weinen ist Stärke

Als Kind hat jeder von uns einmal gesagt bekommen, sei stark – weine nicht.

Doch wisst ihr was, heute weiß ich, dass man stark ist, wenn man weint.

Gefühle zulassen, egal, ob Freude oder Schmerz. Wenn die Augen tropfen oder auch kleine Niagarafälle hervortreten, ist das ein Zeichen der Stärke.

Freudentränen fallen uns leicht, jedoch die Tränen des Kummers und des Leids, die Tränen des Schmerzes und der Einsamkeit sind oft in uns blockiert.
Wir wollen sie nicht herauslassen, weil wir wissen, es schmerzt noch mal mehr.

Ich nenne diese Tränen die Diamanten der Seele.
Sie sind in unseren tiefsten Inneren

verborgen, eingeschlossen wie in einem Fels.
Sie zutage zu fördern, ist anstrengend und gefährlich, denn sie machen uns auch verletzlich.
Doch sind sie erst am Tageslicht, glitzern und funkeln sie und verwandeln sich in etwas sehr Schönes, das Leichtigkeit und Freude bringt.

Schäme dich nicht deiner Tränen
– lass sie rollen.

## Die kleinen Momente im Leben

Die heiße Luft flimmerte. Die alte Frau saß auf der Terrasse und schaute in den Garten. Sie beobachtete die Bienchen und Hummeln, die in der Hitze des Tages ihrer Arbeit nachgingen. Sie empfand Hochachtung für diese kleinen Wesen. Unermüdlich gingen sie ihrem Tagwerk nach.

Die Blumen ließen ihre Blätter hängen, doch die Blüten standen in ihrer ganzen Pracht offen. Sie erstrahlten bunt in der Hitze der Sonnenstrahlen. Ein Schmetterling flog herbei und ließ sich neben ihrem Glas nieder. Von den Tropfen, die abperlten, trank der Schmetterling. Sie lächelte. Seine Farbpracht war bezaubernd. Eine lebendige Blume, die in der Hitze des Tages nach Wasser lechzte.

Schwerfällig stand die Frau auf und ging ins Haus. Als sie wieder herauskam, trug sie eine kleine Kanne bei sich und ein Schälchen. Zuerst ging sie zum Blumenbeet, in dem die Sammler fleißig arbeiteten, und stellte das Schälchen hinein, füllte es mit etwas Wasser und erfreute sich daran, dass sogleich die Arbeiter herbeischwirrten und tranken. Dann widmete sie sich der einzelnen Blumen und gab jeder einen kleinen Tropfen. Nicht zu viel, denn sie wusste, dass dies sonst gefährlich werden konnte.

Eine kleine Spinne kroch heran. Als die alte Frau diese sah, streckte sie einen Finger aus, damit die Spinne emporklettern konnte. Ein kleiner Tropfen Wasser auf die Hand und die Spinne krabbelte geschwind zum Trinken. Lächelnd beobachtete die Frau ihre Umgebung und dachte:

„Jedes Leben, egal, ob Pflanzen oder Tiere, haben eine Daseinsberechtigung und es bedarf nicht viel, um Leben zu erhalten, in der Hitze des Tages.“

## Träume

Träume, die das Leben träumt.

Es gibt so viele Arten von Träumen. Tagträume, Wunschträume, Albträume, Träume der Erinnerungen und Träume, die uns Magie schenken.

Ich liebe Wunschträume.

Man versetzt sich in eine eigene Fantasiewelt – malt ein farbiges Bild – ein Bild der Freude.

Ich mag auch Träume der Erinnerungen.

Sie lassen uns die Dinge, die wir erlebt haben, noch einmal erleben – sozusagen doppelte Freude.

Doch ganz besonders liebe ich Tagträume.

Sie sind einzigartig, voller Kraft und Energie, und sie entführen uns aus dem lauten Alltag, nehmen uns mit in die Stille, lassen uns durchatmen und geben uns Halt.

Sie sind das, was jeden Tag unseres Lebens zu etwas Besonderem macht. Sie sind Magie voller Lebensfreude und Lächeln. Nie kannst du dich einsam fühlen mit Tagträumen.

Trau dich und träume sie – wenn auch nur für einen kurzen Augenblick – du wirst sehen, sie bereichern dein Leben zum Positiven.

## Frühjahrsmüdigkeit

Der Kopf voll mit Gedanken.
Das Herz voll mit Gefühlen.
Der Energielevel am Boden.
Man nennt es Frühjahrsmüdigkeit.

Gerade aus dem Winterschlaf erwacht, sich noch am Strecken und Recken, lauscht man den Vögeln, die ihr Lied leise in die Natur schicken.
Sonnenstrahlen laden dich ein hinauszugehen, durchzuatmen und zu lächeln.
Doch der Schein trügt und es zieht dich zurück auf die Couch, ins Warme unter das Deckchen.
Die Nase abgefroren, die Enttäuschung groß.
Der Kopf spricht zum Herz: „Hab Geduld, es kommt die Zeit, wenn die Sonnenstrahlen wärmen und das Lied der Vögel lauter wird.“

Warten auf den Frühling, mit dem dann auch der Energieschub für unsere Seele erwacht.

Die magische Welt des Lebens lädt uns ein, jede Phase intensiv zu erleben, und wir bestimmen die Farben.
Lass deine Gedanken wandern, vertraue deinen Gefühlen und folge deinem Herzen.
Nimm dir die Zeit, jede einzelne Phase als etwas Besonderes anzusehen.
Erlaube dir die Magie, die in dir fließt, auszuleben.
Viel zu selten nehmen wir uns selbst wahr.
Wir verlassen uns auf unser Gegenüber, damit es uns zeigt, ob wir richtig liegen.
Jeder von uns ist ein Individuum und um uns zu kennen, müssen wir tief in uns blicken.
Schau in dich hinein und lerne dich selbst kennen. Erlebe dich, finde deine Farben und lache mit dir.
Nimm deine innere Magie an die Hand und

tritt mit ihr ins Licht.
Zeige allen, wer du wirklich bist. Ob lachend oder weinend, ob kraftvoll oder schwach.
Du bist alles und alles zusammen bist du.
So wie die Natur jetzt mit jedem Tag etwas mehr erwacht, wird auch dein Inneres erblühen.

Wie ein kleiner Elf. Schwing dich auf deinen Schmetterling und male deine magische Welt bunt.

## Ein Pfennig

Mühsam packten die Möbelpacker den Schrank beiseite. Spinnweben zogen sich von der Wand und Wollmäuse kamen am Boden zum Vorschein.

„Igitt, ist das ekelig. Wie viele Jahre steht der Schrank schon an der Wand?“ Anna rümpfte die Nase.
Ihr Mann Andreas lachte. „Wohl ein ganzes Leben. Schau mal, hier liegt was.“ Andreas fegte den Staub beiseite und zog einen vergilbten Umschlag hervor. „Wie lange der wohl hier schon liegt?“

„Zeig mal, vielleicht ist ja etwas Interessantes drin. Oma war ja immer übervorsichtig und hat alles versteckt und gebunkert.“

„Denkst du, sie hat ihr Erspartes hier drin versteckt? Schön wäre es, wenn ich bedenke, was die Entsorgung der ganzen alten Möbel uns kostet.“

„Andreas, also wirklich. Es ist schon schwer genug, dass Oma nicht mehr hier ist. Es fühlt sich auch irgendwie verkehrt an, dass wir alles entsorgen. Es war doch ihr Leben."

Anna griff nach dem Brief und drehte ihn gegen das Licht. Dick fühlte er sich nicht an. Sehr schwer erkannte man eine Adresse. Sie war schon verblasst und auch die Briefmarke war mittlerweile farblos. Tief atmete Anna durch und eine Träne lief über ihre Wange. „Andreas schau, er ist an mich gerichtet." Ehrfürchtig öffnet sie das Kuvert. Ein Pfennigstück fiel heraus. Andreas trat neugierig näher. „Ach, nur ein Pfennig?"

Anna lächelte unter Tränen. „Dies ist ein Symbol des Versprechens, das sie mir gab. Sie sagte einmal zu mir: *Ich verspreche dir, alles im Leben fängt klein an, denn auch ein Pfennig kann ein Anfang zu etwas Großen sein.*"

## Gewitter

„Ein Kauz rief in die Dunkelheit.
Er spürte, ein Gewitter war nicht weit.

Ein feines Grollen war zu hören,
ein heller Lichtschein erleuchtete die
Nacht.

Der Himmel öffnete ein Stück seine Pforte
und einzelne Tropfen fielen herab.

Des Käuzchens Ruf verhallte still
und der Donner rollte immer lauter in die
Nacht.

Die Blitze zuckten, kreuz und quer.
Durchbrachen die Dunkelheit immer mehr.

Dann gingen am Firmament die Schleusen
auf
und die Tränen des Himmels fielen schwer.

Man hörte ein Aufseufzen, in der Natur, als
sie Frische brachten,
in die Hitze der Nacht.

Langsam kam der Tag heran, das erste Lied der Vögel erklang.

Fröhlich, voller neuer Energie, begrüßten sie den Tag, wie noch nie.

Überall trällern die Lieder heiter, vergessen ist das Gewitter der Nacht.“

## „Allein“

Ein Gefühl, das so trügerisch ist.
Es hat so viele Seiten.

Es stimmt uns traurig, frustriert, lässt
Ängste in uns entstehen.
Doch schaut euch mal dieses Gefühl genau
an.

Es ist das, was wir selbst daraus machen.

Malu, die Fledermaus, würde jetzt sagen:
„Es ist alles eine Sache der Ansicht.“

Was gibt es Schöneres, als allein zu sein
mit einer Persönlichkeit, die du kennst und
liebst.
Deren Wert du schätzt und der du vertraust.

Allein sein, mit einem Herz, das nur für
dich schlägt – ständig im gleichen Takt.
Allein mit Gedanken und Worten, die
keinen Widerspruch zu erwarten haben.

Allein mit dem Menschen, der dich so nimmt, wie du bist.
Allein mit der Seele, die deine Wünsche und Träume respektiert und deinen Weg mit dir beschreitet.

Na, ahnt ihr es?

Man ist nie allein. Du bist in Gesellschaft des wertvollsten Menschen, den es auf der Welt für dich gibt.

Allein mit dir selbst –
du wundervoller, bezaubernder Mensch.

## Seelenbesuch

„Was macht ihr da?“ Silvie ging auf die Jungs zu, die am Rand des alten Steinbrunnens im Wald lagen.

Erschrocken drehten diese sich um. „Nichts.“

Silvie stutzte. „Nach nichts schaut es mir nicht aus. Das ist der alte Brunnen, da fehlt die Abdeckung. Also passt lieber auf, dass ihr nicht hineinfallt. Dieser Brunnen ist gefährlich und beherbergt das Dunkle. Das sagt zumindest mein Opa.“

„Was heißt das jetzt wieder? Erzähl mal.“

Silvie trat näher heran. „Also, in diesen Brunnen sind schon viele verschollen und sie spuken darin. Man sagt sich, sie warten auf weitere Seelen, die sie rauben und gefangen nehmen können. Deshalb würde ich an eurer Stelle etwas vorsichtiger sein.“

„So ein Blödsinn, alles Aberglaube. Seelenräuber gibt es nicht.“

„Na dann, viel Glück. Steigt hinunter, war schön, euch kennengelernt zu haben. Wir werden uns wohl nie wiedersehen.“ Silvie drehte sich um und ging.

Unschlüssig standen die Jungs vor dem Brunnen. „Was meint ihr? Sollen wir nun rein klettern und ihn erkunden?“ Die Jungs schauten sich gegenseitig an. Waren sie doch gerade noch voller Eifer, so machte sich nun Unsicherheit breit. Ein Junge räusperte sich. „Lasst uns doch lieber Fußball spielen, vielleicht treffen wir Silvie und sie kann uns mehr erzählen.“ Ein Blick in die Runde und alle rannten los zum Fußballplatz.

Dort saß Silvies Bruder. „Sag mal, wo ist Silvie? Wir haben Fragen an sie.“

Silvies Bruder schaute die Jungs an. „Silvie? Sie liegt seit vorgestern im Koma, nachdem sie in den alten Brunnen gefallen ist.“

## Seelenverwandtschaft

Ein Gefühl, das wir wohl alle brauchen.
Ein Gefühl, das Wärme bringt,
Zufriedenheit und Freude.
Es ist das Gefühl, zu jemanden zu gehören.

Zu dem einen Menschen, der die
Lebensstraße zu etwas Besonderem macht.

Der einem die Hand hält und, wenn man
fällt, wieder aufhilft.
Der einen in seine Arme schließt und
Geborgenheit gibt.
Der eine Mensch, die eine Seele, die zu
einem steht und dessen Herz im gleichen
Takt schlägt.

Ein Gefühl, das, wenn man es nicht hat,
einsam macht.

Es können noch so viele Menschen um
einen herum sein, doch ist dieser eine nicht

da, ist es kalt und man friert.

Ich verstehe Menschen nicht, die sagen, sie brauchen das Gefühl nicht, sie sind alleine glücklich.

Viele haben Angst vor diesem Gefühl, denn es kann beengend sein, ab und zu auch zu intensiv und vor allem auch schmerzhaft. Doch sollte man deswegen darauf verzichten?

Wenn zwei Seelen sich verbinden, ist dies das schönste Gefühl, was es gibt im Leben. Ich weiß es, denn ich hatte es.

Das Wissen, zu jemandem zu gehören, ein Teil von jemandem zu sein – genau dieses Gefühl ist das Gefühl, das uns oft frieren lässt.

Es kommt nicht darauf an, wie oft man sich sieht, sondern das Wissen, dass man zusammengehört, reicht aus, um Wärme zu bringen.

Es ist ein Wagnis, es erfordert Mut und die wenigsten haben den Mut, sich auf dieses Wagnis einzulassen.

Warum?, frage ich mich immer wieder ...

## Aus Sand gebaut

Was war das jetzt wieder? Ganz verdutzt stoppte Sebastian, die Krabbe, als er aus dem Meer krabbelte. Hinter ihm kroch Maria, die kleine Schildkröte, aus den Fluten. „Hey, Sebastian, warum stoppst du?“

Sebastian drehte sich um. „Maria, ich kann es nicht fassen. Wie viele Jahre waren wir nicht mehr an diesem Strand, dass er sich so verändert hat.“

„Wie, was ist denn los?“

„Schau doch mal.“ Sebastian ließ Maria vorbeirobben.

„Mmh, das sieht mir aus, als hätte jemand eine Sandburg gebaut. Eine sehr komische Sandburg. Früher sahen sie ganz anders aus.“

„Genau, Maria, das ist keine Sandburg, das ist … wow gigantisch, phänomenal, einfach nur atemberaubend.“ Flink krabbelte Sebastian näher und bestaunte das Bauwerk. Vorsichtig stupste er mit einer Krabbenschere dagegen. „Wow, künstlerisch perfekt. Geht nicht kaputt. Wo ist der Eingang?“

Maria überlegte. „Also, eine Zugbrücke gibt es nicht. Keinen Wassergraben, nix um Einlass zu geben.“

„Nee, da waren Sandburgen besser zu stürmen. Die Neuzeit ist echt anstrengend.“

Maria schaute Sebastian an. „Ich kenne das, was es darstellen soll. Ich habe es auf meinen Reisen schon gesehen. Lass mich mal überlegen.“

Sie zog die Stirn kraus. „Jaaaa, genau, das sind zwei Hände, die sich halten. Die können wir gar nicht stürmen.“

„Hände? Sich haltende Hände. Ist das nicht ein Symbol? Was bedeuten sie nochmal?“

„Sie bedeuten vereint, verliebt, zusammengehörend, in guten wie in schlechten Zeiten."

Sebastian schüttelte seinen Kopf und seufzte tief auf.

„Traurige Welt, alles bauen sie aus Sand und somit ist es vergänglich. Lernt der Mensch denn nie?"

## Das große Tabu

So viele Tabuthemen gibt es, über die kein Mensch sprechen möchte. Die ignoriert werden und doch unser ganzes Leben an unserer Seite sind.

Ein Tabuthema ist der Tod.
Warum eigentlich?
Er ist das, was zum Leben dazugehört.
Wir werden geboren und wir sterben.
Zwei Tatsachen, die allgegenwärtig sind.
Die Spanne dazwischen nennen wir Leben.

Warum ignorieren wir es?
Warum sprechen wir nicht darüber?

Es ist eine Tatsache, die wir nicht ändern können, und doch macht das Wissen daran das Leben erst kostbar.

Wir vergeuden so viel Zeit mit Nichtigkeiten und wenn dann dieser Tag

eintrifft, der bei unserer Geburt schon vorbestimmt ist, sind wir schockiert und traurig.
Es ist kein schönes Thema und doch sollte es offen ausgesprochen werden. Denn selbst wenn dieser Moment in unserem Leben schon feststeht, können wir ihn beeinflussen, leichter machen und akzeptabler.

Das Leben wird intensiver, denn man lernt, den Wert zu schätzen.
Wir haben so viel Einfluss auf den Tod, auch wenn er nicht aufzuhalten ist.
Egal, wann er kommt, meist, wenn wir es am wenigsten erwarten. Deswegen lehrt er uns auch, die Zeitspanne, die wir Leben nennen, sinnvoll zu verbringen.

Jeder dieser Tage ist ein Geschenk.
Jeder dieser Tage ist er bei uns.
Jeder dieser Tage zeigt er uns, wie kostbar Leben ist.

Jeder dieser Tage, die wir mit unseren Liebsten verbringen, lehrt er uns, dies zu schätzen.
An keinem dieser Tage sollten wir sagen: Ich habe keine Zeit, denn schon morgen kann sie vergangen sein.

Redet offen über dieses Thema. Lernt, dass diese Spanne, die wir Leben nennen, sehr wertvoll ist.
Und vor allem schaut hin und nicht weg. Manchmal können wir durch Achtsamkeit, durch Liebe und Reagieren anstelle von Ignorieren die Lebensspanne eines Menschen verlängern oder zumindest den Moment des Todes leichter machen.

Es liegt an uns und jeder Tag, der uns geschenkt wird, ist das Kostbarste, was wir in unserem Leben erreichen können.

Schweigt es nicht aus, lasst euch nicht traurig stimmen dadurch – denn jeder Tag

ist ein Schritt auf ihn zu und wir alleine entscheiden, ob dieser Schritt uns fröhlich macht, ob wir lachen oder weinen, und jeder Schritt ist das Wertvollste, was wir im Leben erreichen können.
Seid dankbar für jeden Schritt, den ihr mit einem geliebten Menschen verbringen dürft.
Jedoch denkt auch immer daran, es sind eure eigenen Schritte, die zählen, denn jeder von uns hat nur eine gewisse Anzahl davon.

Jeder ist nur eine Zeit bei uns und irgendwann waren auch wir nur eine Zeit bei jemandem.

Sprecht darüber und lebt intensiver.

## Majestätische Einfahrt

Nebel zog über das Meer, als weiße Segel am Horizont erschienen. Vereinzelte Sonnenstrahlen, die sich durch den milchigen Dunst hindurch quälten, ließen die majestätischen Segel glitzern.

Der leichte Wind über dem Wasser trieb das Schiff an. Die Segel blähten sich auf und die Fregatte legte sich leicht auf die Seite. Vor dem Bug sah man Delfine aus dem Wasser springen. Voller Freude und in ihrer spielerischen Art begleiteten sie die Galeone, die immer näherkam.

Durch die Nebelschwaden, die über den Wellen hingen, kam einem dies unwirklich und irgendwie magisch vor. Man hörte nichts. Der Dunst schluckte die Geräusche und es herrschte eine gespenstische, jedoch friedvolle Stille.

Über dem Schiff riss der Himmel auf und kräftige Strahlen der Sonne trafen auf die

Segel. Wie aus dem Nichts erschienen Möwen und umkreisten, im Tanz der Windböen, die hellen Stoffbahnen.

Vor dem Bug sah man die schäumende Gischt aufwirbeln, als das Schiff sich einen Weg durch das ruhige Meer bahnte.

Plötzlich wurde die Stille durchbrochen von den Schreien der Möwen. Man hörte den Wind, der sich in den Segeln fing, als dumpfes Rauschen, den Aufschlag der Delfine begleitete, als sie nach einem turbulenten Sprung ins Meer zurückfielen.

Das Segelschiff kam immer näher und nun hatte man auch einen Blick auf die prachtvolle Galionsfigur, die am Bug aus den Wellen ragte.

Die Wassertropfen des Meeres brachen das Licht der Sonne und ließen die Engelsfigur leuchten. Mit weit ausgebreiteten Flügeln, passend zu den majestätischen Segeln, zeigte der Engel den Weg in den schützenden Hafen.

## Abschied

So wie ein Blatt vom Baume fällt,
ganz still und leise.

So gingst du von dieser Welt,
ganz still und leise.

Mein Herz vermisst dich,
ganz still und leise.

Meine Trauer ist tief,
ganz still und leise.

Meine Tränen fallen sanft,
ganz still und leise.

Es war dein Wunsch,
ganz still und leise.

Unsere Liebe bleibt bestehen,
ganz still und leise.

Nun fliege hinauf,
ganz still und leise.

Ich lasse dich nun gehen,
ganz still und leise.

## Glaube an die Magie

Der kleine Junge lehnte am Fenster und sah in den Himmel. Er seufzte tief auf, drehte sich um und sah seinen Vater an. „Es ist wunderschön, heute Nacht die leuchtenden Sterne und den Vollmond zu beobachten. Gerade heute steht er groß am Himmel. Sag mir, Papa, warum ist der Mond nicht immer voll? “

Lächelnd sah der Vater seinen Sohn an und trat ans Fenster. „Weißt du, physikalisch gesehen … doch lassen wir die Physik. Schau genau hin. Sieh die Sterne an und sage mir, was du siehst.“

„Naja, heute leuchten sie besonders kräftig und man sieht auch viel mehr als sonst.“

„Gut beobachtet. Vollmondnächte sind heller und die Sterne leuchten kräftiger.“

„Warum ist das so?“

„Die Sterne sind kleine Seelen, die gegangen sind, und der Mond ist ihr Bewacher. Alle paar Wochen zeigt sich der Mond ganz, um die Energie und Leuchtkraft dieser Seelen aufzutanken, damit sie hell für uns erstrahlen können."

„Mamas Seele ist auch dort oben und lacht jede Nacht als Stern zu mir herab. Ich finde es toll, dass der Mond ihr die Kraft dazu gibt, sonst wären wir sehr alleine. Doch was hat das mit der Physik zu tun?"

„Mein Junge, das ist nicht wichtig. Physikalisches Wissen ist begrenzt, doch wer an die Magie glaubt und Fantasie hat, dem stehen alle Türen offen, denn diese sind unerschöpflich."

Lächelnd sah der Junge in den Himmel. Er hatte seinen eigenen Stern, der liebevoll vom Mond aufgetankt und bewacht wird, dass er jeden Abend für ihn erstrahlen kann.

## Die innere Stimme

Kennt ihr diese kleine leise Stimme, die in eurem Inneren verborgen ist?

Oft hören wir sie nicht oder wollen es einfach ignorieren.

Sie kann anklagend sein und auch gemein. Sie ist ehrlich und direkt. Sie bremst uns auch manchmal aus oder lässt uns unsicher zurück. Niemand hört gerne auf seine innere Stimme und doch ist sie da und spielt eine große Rolle in unserem Leben.

Sie schützt uns, indem sie sich zur rechten Zeit bemerkbar macht. Oft lässt sie uns an etwas zweifeln, ein anderes Mal rettet sie uns vor einer Gefahr.

Sie setzt Gefühle in uns frei, die wir als Unsicherheit, Unwohlsein und stellenweise auch als Angst empfinden.

Diese leise Stimme jedoch ist ein wichtiger Teil von uns. Sie beschützt uns und holt uns zurück, wenn wir uns wieder einmal im Leben verrannt haben.

Man nennt diese innere Stimme auch das Unterbewusstsein. Dort ist das Gefühl des Lebens verborgen, es ist heilend, liebevoll und freudig – wenn wir es zulassen.

Diese leise Stimme, deren Klang so verschieden sein kann, bewahrt uns vor Unheil und gibt uns Sicherheit und Geborgenheit, wenn wir es zulassen, auf sie zu hören.

Lauscht in euch und findet sie.

Ärgert euch nicht, wenn sie anmaßend und verletzend klingt. Nein, dann denkt über ihre Worte nach und entscheidet dann erst, ob ihr ihren Worten glaubt.

Freut euch, wenn sie euch liebevoll mit ihrem Gesang umarmt, und kostet das Gefühl der Wärme aus, das sie euch schenkt.

Sie ist ein wichtiger Teil von uns allen.

Die innere Stimme.

## Schätze des Lebens

Dunkelheit umschließt mich. Es ist eng und ungemütlich. Meine Gedanken gehen zurück, zu der Zeit, an der ich einen Wert hatte. Warum bin ich weggesperrt? Ich versuche, mich umzusehen. Etwas Licht fällt durch Ritzen und ich sehe mir an, wer alles noch mein Leid teilt. Es sind so viele. Einige kenne ich nicht mal, habe sie noch nie gesehen. Sie sahen aus, als wären sie in einen tiefen Schlaf gefallen. Vielleicht sollte ich auch schlafen. Einfach alles ignorieren und es hinnehmen, dass ich in Gefangenschaft verenden werde.

„Hey, du", höre ich es wispern und flüstere zurück: „Ist noch jemand wach? Sag mir, warum sind wir hier weggesperrt?" „Weggesperrt? Ich freue mich darüber, dass ich den Weg hierhin gefunden habe."

„Du freust dich, hier im Dunkeln zu liegen?"

„Es ist doch schön, hier zu sein, zwischen all den Schätzen. Schau dich mal um. So viele sind hier und wir gehören dazu. Wir sind wichtig und etwas Besonderes.“

„Das verstehe ich nicht? Mir scheint, wir sind vergessen, zurückgelassen. Diese ewige Dunkelheit, kaum ein Lichtschein. Wie soll mich das erfreuen, hier zu sein?“

„Schau, wir sind in einer Schublade im Keller. Er ist das Fundament des Hauses. Wer es schafft, hier zu landen, hat einen besonderen Wert. Es ist der kostbare Wert der Erinnerungen. Irgendwann werden auch wir wieder das Licht erblicken und viel Freude in den Augen sehen, die uns herausholen.“

Staunend atmete ich durch und sah mein Umfeld trotz Dunkelheit im Licht erstrahlen. Wow – ich bin eine Erinnerung.

## Das Kaleidoskop meines Lebens

Lebenssplitter, scharf, beißend und
verletzend.
Lebenssplitter, stumpf, spiegelnd und doch
ein wunderschönes Mosaik.

Jeder einzelne Splitter ist ein Teil, der mich
beschäftigt.
Es sind Gefühle, die durch mich rasen.

Ich wünschte manchmal, nicht zu denken,
den Kopf leer zu haben und gefühllos zu
sein.
Doch bei dem Gedanken spüre ich Kälte
und Einsamkeit.

Meine Lebenssplitter sind ein wildes
farbiges Mosaik. Durcheinander, ohne
Schema, ohne Entwurf. Unheimlich,
mystisch, dunkel, hell, fröhlich und
verwirrend. –
jedoch nicht für mich.

Jeder, der es ansieht, sieht ein Mosaik, aus Splittern geformt, ohne Konzept. Vielleicht lacht der eine oder andere, nennt es dilettantisch, doch für mich ist es Perfektion und im Gleichgewicht.

Ob dunkel oder helle Stellen, meine Lebenssplitter sind vielschichtig – ein Mosaik wie ein Kaleidoskop.

Sich immer wieder verändernd, fasziniert es mit den vielen Facetten.

Lebenssplitter-Mosaik.
Das Kaleidoskop meines Lebens.

Im Augenblick ist es dunkel, voller Schwäche, energielos, doch ... bald erstrahlt es im Licht.

„Ich will lieber stehend sterben
Als kniend leben
Lieber tausend Qualen leiden
Als einmal aufzugeben."

(Böhse Onkelz)

## Gemeinsam stark

Eine Wolke stand am Himmel, über dem Berg. Zwei Regentropfen fielen herab, genau in die Quelle, die aus dem Berg floss. Durchgewirbelt vereinigten sie sich mit dem Quellwasser und schon ging die Talfahrt los.

Es war eine atemberaubende Abfahrt. Gigantische Bäume und wundersame Pflanzen säumten das Flussufer und flogen nur so vorbei. Steine und Geröll im Bachbett wirbelten die beiden Regentropfen immer wieder herum. Sie hüpften hoch aus dem Wasser, um mit einem lauten Platschen sich wieder mit dem restlichen Wasser zu vereinen. Ein Otter kreuzte ihren Weg und Fische lachten sie an.

Ein Flusskrebs winkte ihnen mit seiner Schere zu und sie nahmen sich die Zeit, zurückzuwinken. Dann plötzlich kam der freie Fall. Man hörte sie jauchzen, als sie den Wasserfall hinunterstürzten, in den ruhigen See. Dort atmeten sie tief durch. Bewunderten den blauen Himmel über ihnen und sahen einem Fischreiher zu, der auf der Jagd nach Beute den See überkreiste. Immer weiter ließen sie sich treiben, ins nächste Flussbett.

Dann war es so weit. Das große Mühlrad lag vor ihnen. Sie vereinten sich, in ihrer ganzen Kraft, mit dem Quellwasser und zusammen setzten sie das gewaltige Rad der Mühle in Bewegung. Alleine hätten sie das nie geschafft. Nur in der Gemeinschaft war dies von Erfolg gekrönt.

Man hörte das fröhliche Lachen der beiden Regentropfen, die ein Teil von etwas Großem geworden waren. Die Freude des klappernden Mühlrades und die Freude des Müllers, als er staunend das Wasser beobachtete, das über sein Mühlrad tanzte und es antrieb.

## Einfach nur sein

Ich schließe meine Augen.
Strecke die Arme weit aus.
Ich spüre den Wind, der auf meine Hülle trifft.
Ganz sachte streift er mein Gesicht.
Es ist wie ein liebevolles Streicheln, kühl und angenehm.

Ich höre das Rascheln der Blätter. Ein leichtes Rauschen, im Atem der Böen.
Das Zwitschern der Vögel lässt eine Melodie erklingen.

Ich fühle Stille in mir.

Mein Körper wird leicht und eine sanfte Ruhe legt sich in mein Inneres.
Langsam öffne ich die Augen.
Über mir sehe ich die gewaltige Baumkrone, die ihre Äste in den Himmel streckt.

Eine starke Gewalt. Ein Gigant.
Ich stehe an seinen Wurzeln und schaue empor.

In diesem Moment durchfluten mich die Kraft und der Frieden,
ein Geschenk der Natur.
Ich sehe das Blau des Himmels, zwischen dem Blätterdach schimmern.
Ein Lächeln stiehlt sich auf mein Gesicht und Freude durchflutet mein Herz.

Denn so lange diese Baum-Giganten ihre Äste so hoch in den Himmel strecken, gibt es immer dieses kleine Licht, das Hoffnung heißt.

## Erdbeergedanken

Schon seit der Steinzeit knabbert ihr mich.
Kaum wegzudenken, auf dem Essenstisch.

Meine Farbe leuchtet jedem entgegen,
verleitet ihn, mich aufzuheben.

Das Auge erfreut sich daran, wenn ihr mich
nascht und meine Süße auf euren Gaumen
explodieren kann.

Doch bin ich nicht nur eine Beere, ich bin
eine Rose (Rosengewächse) und eine
Sammelachäne (Sammelnussfrucht).

Für Freya und Venus ein sinnliches
Symbol. Verführung und Verlockung in
mir steckt, die diese haben derzeit entdeckt.

Meine kleinen Nüsschen, die mein
Fruchtfleisch durchbrechen, sind meine
Samenkapseln, die mich auch vermehren.

In euren Augen bin ich nur eine Beere, die
ihr im Sommer pflückt auf dem Feld, zu
Kuchen-, Eis- und Cocktail-Zwecken.

Doch nehmt euch Zeit und schaut mich an,
welch leuchtende Farbe mein Äußeres
bedeckt.
Welch süße Sinnlichkeit eure
Geschmacksknospen weckt.
Welche Kraft doch in mir steckt.

## Das Juwel unter den Lichtern

In der strahlenden Sonne glitzerten die Blüten des Lavendels. Darauf summte und brummte es. Ein kleiner Vogel schaute den Bienchen zu, die eifrig Pollen sammelten. Eine erregte seine Aufmerksamkeit. „Hey, kleine Biene. Sag mir, warum sammelst du keine Pollen?“

Die Biene summte heran. „Das ist nicht meine Aufgabe. Das machen die Sammlerbienen. Ich erschaffe kostbares Licht und Leben.“

„Wie, du erschaffst Licht und Leben?“

„Weißt du, jede von uns hat eine besondere Aufgabe. Ich bin eine Baubiene. Ich bin zuständig für den Bau der Waben, die Sammlerbienen für Nektar und Pollen.“

„Baubiene? Noch nie gehört. Wie erzeugst du Licht und Leben?“

„Ich habe kleine Wachsdrüsen, aus denen schwitze ich das Wachs, dann gebe ich etwas Spucke dazu und forme mit meinen Kauwerkzeugen die Waben. Dann kommen die Sammlerbienen und bringen die Pollen und den Nektar, die sie in meine Waben pressen. Darin wird unser Honig gelagert und auch unsere Larven wachsen darin heran."

Der Vogel nickte. „Deswegen erschaffst du Leben. Weil die Waben die Bettchen der Larven sind. Doch wo ist das Licht?"

Die Biene lachte. „Das Licht? Schau mal in die Häuser der Menschen. Oftmals steht da ein besonderes Licht. Der Imker entnimmt etwas Wachs, das ich produziere, und macht diese wundervollen, kostbaren Lichter daraus. Es ist so schön anzusehen und erfreut sehr. Mein Wachs ist sehr wertvoll."

„Was ist das für ein kostbares Licht, das aus deinem Wachs entsteht?"

Die Biene summte fröhlich auf. „Es ist das Kerzenlicht – nur dieses Licht bringt Wärme, Frieden und Hoffnung."

## Ein kleiner Augenblick

Ein schönes Ambiente, ein Cappuccino und die Sonne.
Das Wasser des Flusses plätschert, wenn die Enten baden, wenn Kanufahrer vorbei paddeln.

Vögel zwitschern, der Wind rauscht in den Bäumen und alle anderen störenden Geräusche versinken im Nebel.

Man atmet tief durch und schmeckt das Grün der Natur auf den Lippen.

Abschalten, Gedanken loslassen, einfach nur genießen.

Doch die Augen sehen.
Die anderen Tische besetzt mit zwei und mehreren Personen. Sie führen Gespräche oder halten sich einfach die Hände.
Fahrradfahrer fahren vorbei, doch meist im

Double. Spaziergänger sieht man nicht alleine, zumindest ein Hund begleitet sie.

Das Gefühl der Einsamkeit rast durch den Körper.

Lautlos bilden sich Tränen in den Augen. Durch den leichten Wind spürt man sie auf der Wange herablaufen. Man nimmt das Salz wahr –es kribbelt.
Ein Finger fängt die Träne auf, sie glitzert wie ein kleiner Bergkristall.

Ganz langsam trocknet die Träne und verschwindet, genau wie das Gefühl der Einsamkeit.

Ein kurzer Moment durchzogen von Schönheit, von Ruhe, von den verschiedensten Gedanken und Gefühlen.

Ein Augenblick währt nicht lange und doch

beinhaltet er soooo viel.

Deswegen genießt jeden kleinen Augenblick als ein Leben für sich.

## Eine Brücke voller Blumen

„Wow, schau dir das an“, rief die kleine Biene der Hummel zu.

„Was meinst du?“, fragte diese und brummte neben ihr her.

„Ein Bogen, wie eine Brücke, voller schöner, duftender Rosen. Lass uns hinfliegen.“

An den Rosen angekommen, sammelten sie eifrig Nektar. „Hier können wir direkt rüber zu den Lavendelstauden fliegen, ohne dass wir über ein kahles Feld müssen.“

„Du hast es erfasst. Ein Brückengarten. Doch ist nicht immer unter Brücken alles öde. Hier sehe ich Steine, aus denen schöne Pflanzen wachsen. Eigentlich ist diese Blumenbrücke unnötig.“

„Nein. Eine Brücke lockert auf und schützt die Pflanzen darunter vor der heißen Sonne.

So können sie sich dort ansiedeln, wo sie wollen.“

Die Biene sammelte fröhlich weiter. Die Hummel überlegte skeptisch. „Ich frage mich, ob so eine Rosenbrücke nun gut ist oder nicht.“

„Musst du denn alles infrage stellen? Freu dich doch darüber. Davon mal abgesehen, sind unter der Brücke, wunderschöne Verstecke für dich als Hummel.“

Nach diesem Hinweis summte die Hummel unter den Brücken umher. „Ich hab eine ganz tolle Hummelhöhle gefunden“, rief sie der Biene zu.

„Super, dann bleiben wir.“

Es fing an zu regnen und sie verkrochen sich unter der Rosenbrücke. Als die Sonne wieder herauskam, flogen sie an die oberste Spitze des Rosenbogens und ließen sich nieder.

Die Hummel schaute nach oben. „Wow, schau mal, da ist sogar eine riesige Brücke am Himmel."

„Eine Regenbogenbrücke, schillernd in allen Farben und wir sitzen glücklich darunter.

Das Leben ist so wunderbar, wenn man den Blick für das Schöne hat."

## NUR ein Keller

Ich bin NUR ein Keller.

Doch ich beherberge Schätze.
Oft sind sie alt und abgetragen.
Stellenweise schon kaputt.

Ich bin NUR ein Keller.

Ich beherberge Dinge, die in Vergessenheit
geraten sind und doch einen
außergewöhnlichen Wert haben.
Einen Herz-Wert.

Ich bin NUR ein Keller.

Hinter jedem Teil, das in mir verborgen ist,
steckt eine Geschichte.
Eine Geschichte, die das Leben schreibt.

Ich bin NUR ein Keller.

Jedes Teil, das ich beherberge, ist ein Teil
einer Lebensphase.

Ich bin NUR ein Keller.

Doch ich habe eine große Aufgabe, denn
ich wache über Erinnerungen.

Ich bin NUR ein Keller.

Oft dunkel, oft staubig und unansehnlich
und doch ist viel Licht in mir.

Ich bin NUR ein Keller.

## Schatztruhen

Sie zu finden, sie zu erbeuten und vor allen sich daran zu erfreuen ist unsere Aufgabe.
Wir können bei der Eroberung des Schatzes Freude, Unglaube und auch Schmerz empfinden.
Wir müssen uns wehren gegen Ungeheuer, falsche Freunde, Neid und Missgunst, die uns in den Weg treten.
Wir können verletzt werden und bluten.

Jedoch achtet auf eins bei der Eroberung des Schatzes besonders.

Die inneren Blutungen und kleinen Schnitte sind es, die wir nicht gleich sehen und denen wir oft keine Bedeutung zuschreiben, die uns wirklich verletzbar machen und uns ausbremsen.
Kämpft für diesen Schatz, denn das, was im Inneren der Truhe verborgen ist, macht das Leben aus.
Denn dort sind wir, unser Wesen, unser Inneres versteckt – noch geschützt von der

Truhe, doch es gehört uns ... es ist unser Eigentum ... also kämpft darum.

Egal, wie viele dabei zu Boden gehen.

Derjenige, der am Ende mit Dir diese Truhe öffnet, mit dir geblutet und geweint hat – ist es Wert, einen Teil davon zu erhalten – und nur dieser.

Ich wünsche euch ein Leben, das ihr erlebt und nicht nur lebt.
Ich wünsche euch die Erkenntnis, dass Zeit vergänglich ist und Nächstenliebe unbezahlbar ist.

Ich wünsche euch das, was ich mir wünsche:

Ehrlichkeit, Respekt, Toleranz und echte Freunde, die mich in den Kampf um meinen Schatz begleiten, die für mich bluten und mit mir weinen, die Niederlagen mit mir einstecken und sich mit mir im Dreck wälzen und auch lachend durch Pfützen springen.

Auf in den Kampf ...

Wahre Stärke ist, trotz blutender Wunden, Schmerz und Missgunst, weiter zu kämpfen.

## Spaß muss sein

Drei Darsteller und die totale Eskalation. Ein Mensch (in dem Falle ich) ein Hut und ein Fadenvorhang.

Der Mensch war am aufräumen und ausmisten.
Der Hut war in Gefahr, der Tonne zum Opfer zu fallen.
Der Fadenvorhang – tja, der verrückte Fadenvorhang, fiel aus dem Schrank und verknuddelte sich an mir oder ich an ihn? Während ich mich davon befreite, bekam ich einen Lachkrampf, denn dieser Fadenvorhang hatte mir schon oft den letzten Nerv geraubt. Ich wusste nicht mal, dass er noch existiert.
Er war ein Teil, das mein Mann zu damaliger Zeit unbedingt an seinem Fenster haben musste und egal, wann ich vorbeiging, ich hing immer darin fest.
Mal mit meinem Schmuck, mit meinen

Haaren, der Brille, mit irgendwelchen Knöpfen – er zog mich magnetisch an. Sogar unser Hund war einmal darin verfangen.

Wie es passierte, weiß ich nicht, der Fadenvorhang befand sich auf einmal unter dem Hut.
Der Hut landete auf meinem Kopf.
Ich stand vorm Spiegel und konnte nicht aufhören zu lachen. So dachte ich, diese zwei Dinge kannst du nicht wegschmeißen, auch wenn sie keinen Sinn im Leben haben. Oder doch?
Ich dachte darüber nach und kam zu einem Entschluss.
Auch wenn sie sinnlos sind, so haben sie mich zum Lachen gebracht und somit sind sie wertvoll.

Ich fühlte mich wie früher. Wer hat nicht gerne bei seinen Eltern in den Schränken gewühlt und Kleider anprobiert?

Ich verkleidete mich gerne, als ich Kind war, zog mich verrückt an und mein Papa verfluchte mich, weil ich immer seine Oberhemden klaute.
Ich bekomme immer Sätze gesagt wie:
„Benimm dich endlich deinen Alter gerecht."
(- vor allem, wie soll ich wissen, wie ich mich in meinem Alter benehmen soll, ich war ja noch nie so alt)
„Du bist verrückt."
(- ja, weiß ich, und dazu stehe ich)
„Werde mal erwachsen."
(- definiert mir erwachsen)
„Sieh mal den Ernst des Lebens."
(-Ernst möchte ich nicht kennenlernen.)

Darauf sage ich eindeutig: „NEIN!"

Dinge wie Lachen, Verrücktes tun, auch manchmal über meine Grenzen zu schlagen und auch mal kindisch zu sein – genau das bin ich und genau das hält mich am Leben

und gibt mir Kraft.
Es gibt mir Freude, es gibt mir Energie und auch wenn es nur kurze Augenblicke sind, so genieße ich diese.

„Lachen ist das Massieren der Seele.“

Macht ihr auch verrückte Dinge, die nicht eurem „Alter“ entsprechend sind?
Wann habt ihr das letzte Mal herzhaft über euch selbst gelacht?
Denkt mal darüber nach.

## Spiegel der Verantwortung

Glasklar lag der See zwischen den Bäumen. Am Ufer wuchsen Farne und Binsen. Das Sonnenlicht ließ das Wasser glitzern, wenn der leichte Wind die Oberfläche streifte und in Bewegung setzte. Ein alter Baum ragte ein Stück über den See und darauf saß ein Mädchen. Es schaute gebannt in den See. Am Ufer raschelte es und ein älterer Mann kam herbei. „Ach, hier bist du. Ich habe dich schon gesucht."

Langsam drehte sich das Mädchen um. Ihre Augen waren feucht. Tränen rollten ihre Wange herab. Tief seufzte es auf. „Papa, ich weiß, dass ihr nur das Beste für mich wollt, doch ich kann mich mit dem Gedanken nicht anfreunden."

Der Mann räusperte sich. „Schau, wir wollen dir nichts Böses. Doch musst du uns auch verstehen. Du bist noch jung. Wir schupsen dich nur in die richtige Richtung.

Wir haben immerhin die Verantwortung für dich.“

„Nein, Papa, so sehe ich das nicht. Es geht um meine Zukunft, mein Leben. Bisher wart ihr für mich da, dafür danke ich euch, doch nun bin ich an einem Scheidepunkt angelangt. Komm näher und schau in diesen See.“

Der Mann trat nahe heran und das Mädchen stand auf und trat zu seinem Papa. „Es ist Wasser“, sagte dieser.

„Nein, Papa, es ist ein Spiegel. Der Spiegel unserer Seele. Schau genau hin. Schau in die Augen deines Spiegelbildes. Dort siehst du den Menschen, der für dein Leben verantwortlich ist. Genau so wie ich.

Die Verantwortung liegt nun bei mir, wie meine weitere Zukunft aussieht. Denn es ist mein Leben.“

## Herbstmagie

Das Jahr neigt sich dem Ende zu und die Natur zieht ihr schönstes Kleid an.

Herbstlich bunt erstrahlt der Wald. Die Farben der Blätter wandeln sich von grün in rot und braun. Es ist bezaubernd, diese farbige Welt zu betrachten.

Die Tage werden kürzer und viele Tiere suchen sich einen Unterschlupf und bunkern die zahlreichen Waldfrüchte.

Abends legt sich die Sonne früher schlafen und gibt ihren Platz dem Mond frei.

Bald rieselt das Laub von den Bäumen und bedeckt den Boden schützend vor der kommenden Kälte.

In den Häusern werden die Kerzen und Decken herausgeholt und kuschlige Wärme hüllt uns ein.

Diese Zeit ist eine schöne Zeit – denn es legt sich Stille und Frieden über die Welt. Die bunten Farben erfreuen die Seele und laden zum Glücklichsein ein.

Wenn draußen die Herbststürme über das Land fegen, sucht unser Inneres die Geborgenheit und Ruhe in unseren Herzen.

Es eine dieser Zeiten, in der die Wunderwelt des Lebens in ihrer ganzen Kraft spürbar ist.

Es ist die Zeit, Freude zu bereiten, mit kleinen Gesten und Worten, die von Herzen kommen.

## Stein der Endgültigkeit

Der Tag verwandelte sich zur Nacht. Am Himmel glitzern unzählige Sterne. Ein Stern sticht förmlich heraus.

Seht ihr ihn? Nein.

Diesen Stern kann nur ich sehen. Denn es ist mein Stern, der von dort oben über mich wacht und mir jeden Abend zulächelt.

Die Monate verfliegen wie ein Blatt im Wind. Der Alltag nimmt seinen Lauf und oftmals ertappt man sich bei dem kleinen Funken schlechten Gewissens. Wo ist die Zeit geblieben? Wie können 23 Jahre in wenigen Monaten vergangen sein? Man fühlt in sein Herz und dort ist dieses hohle Gefühl, doch im täglichen Leben hat es keinen Platz.

Ein Bild, ein lachendes Gesicht, eine Erinnerung. Ein Kreuz auf einer grünen Wiese mit einem Namen. Woran hält man sich fest? Das lächelnde Gesicht ist im Herzen. Es an zu sehen, gibt das Gefühl, nicht allein zu sein. Das Kreuz mit dem Namen erscheint so endgültig. Man steht davor und spürt eine Leere, eine Einsamkeit. Mein Weg führt mich am Kreuz vorbei.

Die Endgültigkeit möchte ich nicht in meinem Leben.

Wenige Monate und doch schon eine Ewigkeit. Die Uhr des Lebens dreht sich unaufhörlich weiter. Nun ist es so weit. Ersetzt wird das Holzkreuz gegen einen Stein. Eine Steinplatte, mit einem Namen. Stein. Im Winter kalt, im Sommer aufgeheizt und doch nur ein Stein mit Namen.

Mein Blick fällt zu dem Bild, ein lachendes Gesicht, eine Erinnerung. Dann geht mein Blick in den Nachthimmel. Eine einzelne Träne läuft über meine Wange.

Ich sehe meinen Stern erstrahlen und fühle mein Herz schlagen.

## Distanz

Nichts kann dich stärker machen als Distanz zu allem, was dir schadet und nicht guttut.

Diese Distanz kann dich jedoch verletzen, Einsamkeit hervorrufen, traurig stimmen, auch zweifeln lassen an den Menschen und ihren Werten.

Doch Distanz zu Dingen, die dir persönlich nicht guttun, zeigt die Loyalität zu dir selbst und auch zu anderen. Sie zeigt deine Überzeugung, deinen inneren Willen, deine Stärke und deine Kraft.
Es ist kein leichter Weg, den man einschlägt, denn man muss sich umorientieren und einen Richtungswechsel vornehmen.
Doch alles, was uns verletzt im Leben, was uns herunterzieht, was uns das Lachen nimmt, was wir nicht mehr verantworten

können, davon müssen wir uns distanzieren.

Eine Lebensspanne ist nicht dazu da, zu springen, wenn andere es sagen, das zu tun was andere erwarten, sich in eine Rolle hineindrängen zu lassen, die nicht die eigene Überzeugung ist.

Oftmals nimmt etwas, das einem einst gutgetan hat, eine Wendung, und plötzlich verletzt es.

Gerade dann ist es wichtig, diese Distanz zu wahren.

Denn alles, wirklich ausschließlich alles, was einem nicht guttut, muss weg.

## Schätze des Lebens

Langsam stieg Opa die Kellertreppe hinunter. Ihm folgte ein kleiner Junge, gerade fünf Jahre alt und voller Ungeduld.

„Sag, Opa, warum gehen wir in den Keller?“

„Moritz warte es ab, du wirst sehen.“ Opa schloss die Tür auf und machte Licht.

Moritz lugte an ihm vorbei und kam aus dem Staunen nicht mehr heraus. „Wow, was ist das alles?“

„Das ist ein Teil meines Lebens. Doch er ist nicht wichtig. Hier muss er doch irgendwo sein?“ Opa rückte Kisten und alte Möbel beiseite. „Ah, da ist er ja.“ Er zog einen alten Koffer hervor. Es war einer dieser Hartschalenkoffer, kariert und mit Lederschlaufen vorne dran. „Schau, Moritz, diesen wollte ich dir zeigen. Du bist immer neugierig und willst etwas über mein Leben wissen, hier drin versteckt sich das Geheimnis, was mein Leben ausmacht."

Moritz streckte seine Hände aus und öffnete ehrfürchtig die Schlaufen, dann blickte er Opa an.

„Öffne ihn und schau die Schätze meines Lebens an."

Ganz vorsichtig öffnete er den Deckel und sah gespannt hinein. „Oh, was ist das alles?" Moritz schaute ganz verdutzt. Er sah einen kleinen Kiesel, getrocknete Blumen, Notizzettel, Muscheln, Perlen und vieles mehr. Der ganze Koffer war mit kleinen Sachen überfüllt. „Das sieht mir nicht nach Schätzen aus."

Der alte Mann sah seinen Enkelsohn an. „Das sind die wahren Schätze des Lebens. Jedes Teil steht für einen schönen Augenblick und birgt dessen Geschichte. Es sind Erinnerungen, die das Leben wertvoll machen."

„Wow, Opa, Du hast einen ganzen Koffer voll. Da bist du sehr reich.“

## Nur ein Hund

Ein schwarzes Stück Fell, zwei
Glupschaugen, Ohren wie eine Fledermaus,
Zähne wie ein Wolf.

NUR EIN HUND

Geprügelt, getreten, unterdrückt und
unwürdig behandelt.

NUR EIN HUND

Gerettet von einem Herzmenschen,
selbstlos, spontan

NUR EIN HUND

Annähern, Beschnuppern, Unsicherheit,
Zuversicht, Angst und doch Hoffnung

NUR EIN HUND

Dankbarkeit, Freude, Vertrauen, unendlich
tiefe Liebe

NUR EIN HUND

Freund, Partner, Beschützer,
Familienmitglied, Seelentröster,
Kraftspender und persönlicher Schutzengel

NUR EIN HUND

Verschwiegenheit, Stille, Traurigkeit,
Treue bis in den Tod

NUR EIN HUND

Liebe, Schmerz, Verlust, Einsamkeit, Leere

NUR EIN HUND

nein

LUCKY

2007-2021

## „Spiel des Lebens“

Ich persönlich spiele es gerne.

Es ist spannend, erregend, aufreibend, lustig, oft hat es etwas Unerwartetes an sich und ist auch stellenweise traurig.

Man braucht dazu Köpfchen, ein offenes Herz und auch den Mut, Schwächen einzugestehen.

Es erfordert Kampfgeist und Hingabe. Es lässt unser Herz höherschlagen und unsere Seele schon mal weinen, jedoch uns auch herzhaft lachen.

Das wichtigste bei diesem Spiel ist es ... sich treu zu bleiben, sich nicht von seinem Weg abbringen zu lassen und vor allem echt zu sein.
Den Mut zu haben, Niederlagen einzugestehen und stolz auf Siege zu sein.

So läuft das Spiel des Lebens ... lasst uns beginnen.

In meinen Malu-Büchern gibt es Georg, den alten Mann, der dieses Spiel mit allen Facetten gespielt hat und er sagt:

„Egal, wie viele Niederlagen man einsteckt im Spiel des Lebens, wichtig ist, sich immer wieder seine kleinen Augenblicke der Siege vor Augen zu halten ... denn die überwiegen.“

DAS SPIEL DES LEBENS IST SCHÖN, WENN MAN SICH DARAUF EINLÄSST

## Zukunft

Was ist das?

Sollte man sich damit beschäftigen?
Sollte man planen und
sich den Kopf darüber zerbrechen?

So viele Fragen zu einem Wort.
Ich selbst bin ein Mensch, der in der
Gegenwart lebt.
Klar habe ich Wünsche und Ziele, doch
eine direkte Planung habe ich nicht.

Zukunft ist etwas für mich, was kommt, das
Morgen, das ich heute noch nicht
voraussehen kann.

Ich genieße den Moment.
Meine Wünsche und Träume sind in
meinen Gedanken, doch ich setze mich
nicht unter Druck – wenn es um deren
Erfüllung geht.
Meine Ziele stehen fest, was ich noch
erreichen möchte, und trotz allen ist kein
Muss dahinter.

Es kommt, wie es kommt.

Wenn ich mir heute schon Gedanken
mache, was morgen ist, ob
ich es erreiche oder nicht, dann würde es
mir heute nicht gut gehen.
Taten sprechen für sich und erfreuen uns,
wenn sie erfolgreich sind.
Ich fühle mich wohl in der Gegenwart,
auch mit Wünschen und
Träumen für die Zukunft.

Mein Leben, meine Ansicht –
das ist alles, was zählt.

Mit sich selbst im Einklang zu leben, sich
keinen Druck aufbauen und einfach nur zu
sein.

## Eisige LIEBE

Trist erscheint die Natur.
Die Bäume ohne Blätter, die farbigen
Blumen fehlen und die Luft ist kalt.
Es fröstelt uns und wir haben trübe
Gedanken.

Doch, hey – da ist mehr.

Wir haben muckelige Wohnungen, hier
strahlt uns Wärme entgegen. Kerzenlicht
und bunter Weihnachtsschmuck begrüßen
uns, wenn wir sie betreten.

Tannen- und Plätzchenduft liegen in der
Luft und lassen uns lächeln.
Was gibt es Schöneres, als sich in eine
warme Decke einzumummeln, eine Tasse
Tee, die ihr Aroma in den Raum legt, und
ein paar stimmungsvolle Lichter. Wer
denkt da noch an die Kälte vor der Tür.

Geschenkpapier, Schleifen und diverse
Basteleien lassen immer mehr bunte
Päckchen entstehen.

Wir stürmen die Geschäfte, auf der Suche nach den passenden Geschenken für unsere Lieben.
Oftmals sind es Dinge, die man gar nicht braucht, und trotz allen besorgen wir sie.
Wir füllen den Kühlschrank mit Dingen, die wir gar nicht alle essen können.

Ich frage mich oft, warum wir das machen.

Warum schwimmen wir im Sog der Menge mit?
Warum genießen wir nicht einfach die warme muckelige Atmosphäre in unseren Wohnungen und die Zeit mit unseren Liebsten?

Diese Zeit ist doch die Wichtigste und eines der größten Geschenke, die man jemandem machen kann.
Die Zeit, die man gemütlich zusammen ist.
Dazu bedarf es nicht viel.
Ein nettes Wort, ein Lächeln und Wärme, die anzeigt, dass wir für den anderen da sind. Bei mir gibt es Kerzenlicht,

besinnliche Düfte, Wärme und viele freudige Gedanken.

Ich öffne die Tür, gehe hinaus und blicke auf die Menschen, die auf der Straße ihr Wohnzimmer haben und schenke ihnen meine Gedanken, meine Zeit.

Diese Zeit ist ein kostbareres Geschenk als all die bunten Päckchen, die ich unter einen Baum legen könnte.
Schon ein Gedanke, eine Erinnerung an diese Menschen, ist ein Geschenk – ein Geschenk, das wertvoller ist, als man denkt.

Das Unsichtbare sehen.

Wenn auch nur für einen Moment sichtbar machen – in einem Gedanken, denn dieser kostet auch Zeit und ist somit ein wertvolles Geschenk.

Wir jammern, wenn wir nicht raus können – doch in den besinnlichen Tagen lieben wir unsere warmen Wohnungen über alles.

Das Fest der Liebe wird es genannt.

Lasst uns Lieben – nicht nur das leckere Essen, die vielen Geschenke, die stimmungsvollen Weihnachtsmärkte. Lieben bedeutet Achtsamkeit, Respekt, Toleranz, Füreinander anstatt Gegeneinander, Herz und Verstand und so vieles mehr.

Lasst uns nicht vergessen zu LIEBEN.

**Kein Abschied**

Ein Jahr ohne Dich
und doch bist Du
bei mir

Worte
ohne Stimme.
In Gedanken fliegen sie mir zu.
Der Wind ruft meinen Namen und flüstert
leise:

„Gedenke meiner im Stillen,
lass mich bleiben in deinem Herz
doch nach außen
LEBE
ohne Leid und Schmerz.
Was war, ist vergangen. Geh deinen Weg
zielstrebig voran, voller Energie und
Tatendrang.
Gedenke meiner
in Erinnerung,
an die schönen Zeiten, die wir zusammen
beschritten.

Doch nun wird es Zeit – flieg hinaus, meine Maus.
Dies war immer mein Wunsch im Herzen gewesen und oft gesagt
in langen Gesprächen. – Von mir zu dir.“

„Ich schau in den Himmel und sehe meinen Stern
– im Herzen spüre ich ihn und doch ist er so fern.
Ein Jahr, das mir brachte,
viel Schmerz und Leid,
doch nun gehe ich vorwärts
voll neuen Mutes
auf in die Welt
– die du für mich hast bereitgestellt.

Tränen fallen leise und zeigen mir an
– ein Abschied ist keiner, wenn man LIEBEN kann.“

In Erinnerung an meinen Mann, 1958-2020

## Ein Lächeln im Eiskristall

Was alles ein Lächeln vermag, möchte ich
euch hier erzählen.

Ein Lächeln bringt Wärme und Freude ins
Herz.

Ein Lächeln bringt Licht und das Gefühl,
nicht vergessen zu sein.
Ein Lächeln bringt Hoffnung.

Eisige Nächte, die im Moment des
Tagerwachens eine bizarre, jedoch auch
wundervolle Landschaft zeigen.

Stellenweise Schnee, der in den ersten
Strahlen der Sonne glitzert.

Doch es verbirgt mehr – wenn wir die
Augen öffnen und in die Dunkelheit des
Lichts schauen.

Wenn man genau hinschaut, sieht man
dazwischen frierende Menschen liegen, nur
mit dem Nötigsten eingedeckt.

Zwischen Unrat und auch glitzernden Eiskristallen verborgen liegen sie – die Unsichtbaren.

So, wie euch ein Lächeln entweicht, wenn ihr die bizarre Eislandschaft bewundert, so schenkt auch diesen Menschen ein Lächeln.

Ihr bekommt es bestimmt zurück.

Es ist das Lächeln, das anzeigt, gesehen zu werden – nicht unsichtbar zu sein.
Es bringt Wärme und Hoffnung in die Herzen und gibt so viel Wärme zurück.

Sendet sie aus – diese Lächeln – immer wieder.

## Tanz auf Messers Schneide

Ein Lebenszyklus, der viele Facetten hat.

Wenn ein Jahr zu Ende geht, zieht man Résumé, was alles war – das Gute und das Schlechte.

Wir denken an Vergangenes und darüber nach, was wir hätten besser machen können. Warum eigentlich? Warum geben wir uns nicht damit zufrieden, wie wir es gemeistert haben?

Wir blicken zurück und sehen als erstes negativ, anstatt zurückzublicken und die kleinen Augenblicke, die das Jahr so wertvoll gemacht haben, zuerst hervorzuholen und dann stolz darauf zu sein, dass wir trotz einiger nicht so schöner Augenblicke jetzt hier stehen und darüber nachdenken können.

Auch die negativen Erlebnisse sind wertvolle Erfahrungen, die uns eines gelehrt haben, es besser zu machen, es vielleicht nächstes Mal anders anzugehen und vor allem haben sie uns Stärke gegeben, denn wir haben es geschafft, sie zu meistern.

Dann kommt der Moment, wo wir uns gute Vorsätze für das neue Jahre vornehmen. Der totale Quatsch. Der beste Beweis dafür ist doch das vergangene Jahr, für das wir auch eine Menge Vorsätze hatten. Es kommt, wie es kommt. Wichtig ist, dass wir uns selbst nicht aus den Augen verlieren.

Dass wir zu dem stehen, was wir sind, uns selbst schätzen und lieben, so, wie wir sind. Das Wichtigste ist Selbstwertgefühl und die Akzeptanz, dass Steine, die einem in den Weg gelegt werden, Erfahrungen sind, aus denen wir auch etwas Schönes bauen können.

Ich habe keine Vorsätze für keines der nächsten Jahre.

Ich habe nur einen Wunsch, dass ich so bleibe, wie ich bin – denn so finde ich mich richtig.

Ich habe in der Vergangenheit viele Höhen und Tiefen erlebt und ich habe sie alle gemeistert, sonst würde ich nicht hier stehen und mir Gedanken über Vorsätze machen, die ich nicht habe.

Lasst uns den Tanz auf Messers Schneide beginnen – tanz auch du mit.

## Erneuerung

Ich möchte dich mitnehmen auf eine Reise, eine Reise in die Tiefen des Lebens. Wichtig bei dieser Reise ist, dass du auf die kleinen Dinge achtest, deine Gedanken nur auf die Reise konzentrierst, den Alltag hinter dir lässt und zuhörst und vor allem fühlst.

So, und nun tauche ein mit mir in eine Reise, die kraftvoll wird, wenn du es zulässt.

Still liegt der Wald vor dir. Du gehst Schritt für Schritt voran, immer tiefer hinein. Die Luft ist noch kalt und leichte Nebelschwaden begegnen dir zwischen den Bäumen. Bleib stehen und schau empor. Bewundere die riesigen Giganten, die ihre Äste bis in den Himmel strecken, und dann schaue zum Boden und folge den Wurzeln, die tief in die Erde reichen. Dort genau dort liegt die Magie des Lebens verborgen. Einst ein kleiner Samen, gefallen aus den Früchten des Baumes. Allein und einsam fiel er auf den kalten Boden. Vom Fall noch benebelt und frierend, verkroch er sich in die tiefe Erde. Dort wartete er eine lange Zeit. Eines Tages benetzte ihn ein kleiner Tropfen, der sich den Weg ins Erdreich geschummelt hatte. Er wachte auf, ganz erstaunt darüber, dass er ein Gefühl der Frische und des Lebens empfand. So war es die ganze Zeit kalt und dunkel und nun kam etwas Helles, etwas, das ein Gefühl von Freude und Entfaltung hinterließ. Er atmete tief durch, ließ dieses Gefühl durch sein kleines Sein dringen und streckte und reckte sich. Ihn durchfluteten Gefühle, die er nicht kannte, die ihm jedoch das Herz aufgehen ließen. Er empfand die dunkle Erde um sich auf einmal warm und beschützend. Er wollte hüpfen und springen. Doch nicht lange und das Unheil nahte. Ein Wurm suchte sich genau den Weg aus, in dem er lag. Er riss ihn los, schleppte ihn mit und brachte ihn zu einer Stelle, die sandig und erdrückend war. Der kleine Samen erstickte fasst. Er gierte nach Luft, als er inmitten von einem Erdklumpen emporgehoben wurde und unsanft auf eine kalte Fläche fiel. Ein Brummen erschreckte ihn zutiefst. Dann kam der Regen. Kein sanfter Tropfen, sondern ein Sturzbach von Wasser. Er konnte sich nicht halten und mit angstvollen Gedanken ließ er los und wurde fortgespült. Er war zu klein, als das ihn die Absperrung aufhielt und so flutschte er hindurch und landete unsanft auf dem nackten Asphalt. Da lag er nun zwischen Unrat und eine Menge Wasser zog ihn mit sich in die Kanalisation. Er hatte Angst zu ertrinken. So war doch der erste Tropfen, den er je fühlte, voller Frische und Freude, doch nun fühlte er nur Angst und Panik. Unsanft landete er in einem großen See und die Wellen schwemmten ihn ans Ufer. Glücklich darüber wieder Erde zu spüren, schlief er vor Erschöpfung ein.

Eine kleine Maus weckte ihn, als sie an ihm nagte.

„Hey, lass das", rief er entsetzt auf. Doch die Maus hörte nicht und trug ihn in ihrem Schnäuzchen davon.

Ein mächtiges Knurren ließ ihn wieder herauspurzeln. Er lag da, über ihm die

Sonne und unter ihm die warme Erde und er dachte so bei sich: „Wow, was ist das doch für eine Wechselfahrt der Gefühle." Er nahm seine ganze Kraft zusammen und verschwand wieder im Erdboden, dort, wo er sich geborgen fühlte, und schlief ein.

Er wachte unter großen Schmerzen auf. Es war, als würde er auseinandergerissen und als er seine kleine Hülle gedanklich erforschte, war genau dies passiert. Kleine Haare hatten sich in der Erde verankert und hielten ihn an Ort und Stelle und oben ragte ein kleiner grüner Stängel empor und suchte sich den Weg nach oben. Was passierte mit ihm? Er begriff es nicht, doch fühlte er in sich, dass es richtig war und dass er es zulassen musste, was passierte. Er durfte sich nicht dagegen wehren. Also atmete er tief durch und ließ die Magie, die ihn umgab, durch sich fließen. Er spürte die Kraft der Erde, die Wärme der Sonne, die Tränen des Himmels und den Atem der Luft. Es dauerte nicht lange und er durchbrach die Oberfläche und streckte sich gen Himmel. Als er sich umsah, entdeckte er viele kleine Triebe um sich herum, zwischen großen Giganten. Er bestaunte alle und wünschte sich nichts sehnlicher, als selbst irgendwann einmal so ein großer starker Gigant zu sein. Immer wenn die Sonne aufging, lachte er ihr entgegen und ließ sich von ihren Strahlen streicheln. Wenn der Wind ihn ergriff, stemmte er sich dagegen, bis er merkte, dass es besser ist, lieber seine kleinen Wurzeln in die Erde zu graben und sich am oberen Ende von ihm durchwirbeln zu lassen. Er streckte seine kleinen Äste, die sich bildeten, dem kühlen Nass des Regens entgegen, und leitete es an seine Wurzeln weiter, die sich immer tiefer und stabiler dadurch in der Erde vergriffen. Wenn die Nacht hereinbrach, erfreute er sich an der reinen Luft der Nacht, an der Stille, die sich über seine kleine Welt legte, und er lächelte den Sternen entgegen, die die Dunkelheit beleuchteten. Er spürte die Energie, die ihn umgab, und die Magie, die ihn wachsen ließ. Er trotzte allem Unheil, denn er hatte nur einen Wunsch, den er eines Tages verwirklichen wollte, und er schaffte es.

Ja … schau, vor dir. Schau diesen mächtigen Stamm an und dann blicke an ihm empor. Ein Gigant, mit riesiger Baumkrone, Narben und Erlebnissen voller Schrecken und doch streckt er seine Äste gen Himmel und ist in der Tiefe fest verankert in Mutter Erde. Auch wenn er eines Tages fällt, dann kann er sagen, ich habe mir meinen Traum erfüllt, bin weitergegangen und habe um mein Überleben gekämpft. Habe nicht aufgegeben und bin gewachsen durch den Glauben ans Leben. Doch wisst ihr, was das Schönste daran ist? Haltet mal die Hand auf, spürt den Wind und nun schaut, was euch entgegengefallen ist. Nehmt dieses kleine Samenkorn und setzt es in die Erde. Nichts geht von dieser Erde, ohne etwas zurückzulassen, aus dem wieder neues Leben entsteht. Es ist eine ständige Erneuerung – die das Leben widerspiegelt.

Sicher denkst du jetzt, hier ist die Reise zu Ende. Nein – folge mir in Gedanken, in ein neues Abenteuer, zu einem anderen Schauplatz, jedoch bleibe hier im Wald verankert.

Liebe ist es, die zwei Menschen miteinander verbindet. Zwei Herzen, die im Gleichtakt schlagen. Auch hier ist dieser kleine Samen vorhanden, der sich einen Weg ins Leben erkämpft. Am Anfang erkämpft er sich den Platz zwischen vielen anderen. Er muss stärker und schneller sein, denn es geht um Leben und Tod. Nur der Beste siegt und nur ihm ist es vergönnt, den Zyklus des Lebens zu gehen. Er spürte die Liebe, die Atmung und in größter Ekstase wurde er auf den Weg geschickt. Er boxte sich einen Weg durch seine Kontrahenten und sicherte sich den Platz in der warmen Höhle. Dort verschnaufte er und sah sich um. Allein und doch nicht allein. Er spürte das Leben um sich herum. Er hörte den Herzschlag, der sich beständig an ihn knüpfte, und sein kleines Herz fing im Gleichtakt an zu schlagen. Wohlig warm und geborgen wuchs er heran. Ab und an hörte er Stimmen, die beruhigend auf ihn einsprachen. Er stellte sich dazu lachende und freudige Gesichter vor und dies machte ihn glücklich. Je größer er wurde, desto enger wurde es um ihn herum. In ihm

Wuchs der Drang nach Freiheit. Er wollte hinaus, sehen, was um ihn herum passiert. Was gab es dort Schönes zu erleben? Wie war die Welt außerhalb? Langsam fühlte er sich wie in einem Gefängnis und so entschloss er sich, hinaus ins Leben zu gehen. Mutig suchte er sich einen Weg. Es war schmerzvoll und er haderte mit sich, ob es wirklich die richtige Entscheidung war. Doch bevor er noch groß den Gedanken weiterdenken konnte, flutschte er in helles Licht. Gebannt schaute er sich um. Dann trafen seine Augen auf ein Gesicht, ein Gesicht, das vor Glück nur so strahlte, obwohl Tränen unaufhörlich aus ihnen quollen. Ihn durchfuhr ein Licht, das mit vielen Emotionen verbunden war, die er im ersten Augenblick gar nicht begreifen konnte. Es war die Mutterliebe, die ihn traf. Doch wenn ihr denkt, nun ist sein Weg zu Ende – Nein. Genau wie der kleine Baumsamen muss er sich seinen Platz im Leben erkämpfen. Er wird vielen Gefahren ausgesetzt. Hin und wieder wird er den falschen Weg einschlagen, aus der Bahn geworfen und muss sich den Weg zurück ins Leben erarbeiten. Er wird Trauer, Verlust, Schmerz ertragen, um sich an Glück, Freude und Hoffnung zu erfreuen. Er muss lernen, dass er gegen einen Sturm, der ihn erwischt, nicht kämpfen muss, sondern sich davon tragen lässt. Er wird die Erfahrung machen, dass, egal, wohin es ihn weht, er überall seine Wurzeln verankern kann. Doch das Allerwichtigste ist, dass er wie der kleine Baumsamen an seinem Traum festhält, seine Arme fest nach dem Himmel ausstreckt und das Leben spürt. Seine Wurzeln liegen in der Liebe, in Mutter Natur, genauso wie die Wurzeln des kleinen Baumsamens. Die Energie, etwas wachsen und gedeihen zu lassen, geht von ihr aus. Der Atem des Lebens ist die Magie, die in der Natur verankert ist. Wenn ihr jetzt denkt, na ja, ein Leben eben und dann kommt der Tod. Falsch gedacht, denn auch dieser kleine, durch viel Liebe gewachsene Samen bringt neue hervor. Es ist ein ständiger Kreislauf. Ja, wir sind, genau wie der Baumsamen, der durch seine Wünsche und durch seinen Willen ein großer Gigant wurde, auch aus einem kleinen Samenkorn entstanden.

Hast du noch den kleinen Baumsamen in der Hand? Schau ihn dir an und dann bewundert den Giganten vor dir. Blicke in die Blätterkrone. Unvorstellbar, dass aus diesem kleinen Korn in deiner Hand so etwas heranwachsen kann. Das ist das Wunder des Lebens. Dann schau an dir herab. Fühle in dein Herz, erinnere dich an deinen Kampf – vom kleinen Korn bis hierhin, zur Reise in die Tiefe des Lebens.

Erkennst du die Gemeinsamkeiten?

Der Baum – entstanden aus einem kleinen Samenkorn.

Du – entstanden aus einem kleinen Samenkorn.

Der Baum – im Frühjahr bildet er seine neuen Triebe und erfreut sich, dass Mutter Natur erwacht.

Du – Im Frühjahr streckst du die Arme aus und erfreust dich daran, dass die kalte

Jahreszeit vorbei ist und die ersten Farben der Natur erwachen.

Der Baum – im Sommer lechzt er in der Hitze des Tages nach Wasser, erfreut sich jedoch an jedem Sonnenstrahl.

Du – im Sommer genießt du die Sonne und genehmigst dir einen kühlen Drink in der Hitze des Tages.

Der Baum – im Herbst schält er sich in sein schönstes buntes Kleid und schenkt uns seine Früchte.

Du – im Herbst erfreust du dich an den Farben der Natur, sammelst Eicheln und Kastanien und wanderst durch raschelndes Laub.

Der Baum – im Winter dämmt er seinen Energiehaushalt ein. Wenn er auch nach außen hin erfroren aussieht, im Inneren ist er wohlig warm eingepackt.

Du – im Winter frierst du. Sehnst dir das Frühjahr herbei und unbewusst schaltest du deine Energie herunter.

Merkst du etwas? Im Universum Leben gibt es keine Unterschiede. Es ist ein ständiges Kommen und Gehen. Ein Auf und Ab. Eine unendliche Geschichte. Eine ständige Erneuerung. Was wir selbst in der Zeit – die wir Menschen Leben nennen – erwirken, verwirklichen, erleben und lieben und woran wir uns erfreuen – liegt allein in unserem Ermessen. Denn Anfang und das Ende, das Yin und das Yang, sind das Einzige, das wir nicht beeinflussen können. Das Dazwischen ist es, worauf wir unser Augenmerk richten sollten.

Nun geh. Hier endet die Reise in die Tiefe des Lebens. Ich lass dich stehen, mitten hier im Wald. Du bist nicht alleine, denn die Giganten spiegeln deinen Lebenszyklus wider. Nimm dir Zeit und sieh sie dir genau an. Suche dir deinen Baumgiganten aus, dem du nacheifern möchtest. Es gibt kleine und es gibt große. Es gibt welche, die viele Narben tragen und dennoch ihre Äste ausstrecken. Jedoch gibt es auch verkümmerte und welche, die zwischen all den großen zurückstecken müssen. Vielleicht nimmst du dir die Zeit und rettest eine dieser kleinen Baumseelen, die sich nicht alleine entfalten können. Dein Mitgefühl und das Wissen, dass du sie siehst, wird diesen kleinen Schwachen viel Kraft geben.

Wenn du deinen Giganten gefunden hast, geh – und immer, wenn du denkst, es geht nicht mehr weiter, dann besuche ihn im Wald, zwischen all den anderen.

Na logisch hast du dir den größten und mächtigsten Giganten ausgesucht. Woher ich das weiß? Weil wir Menschen immer nach dem Größten streben. Wir geben uns nicht mit wenig zufrieden. Doch egal – wichtig ist, dass wir erkennen, dass alleine das Leben zwischen den Erneuerungen wichtig ist zu erleben, dann sind wir auf den richtigen Weg.

Ich hoffe, dir hat meine kleine Reise gefallen. Wir sehen uns wieder – bald, im Wald, bei unseren Giganten.

## Sei du selbst – alle anderen gibt es schon (von Oscar Wilde)

Wenn ich nachts auf der Straße in der Obdachlosenhilfe unterwegs bin, stelle ich immer wieder fest, dass diese Menschen hinter dem Vorhang echt sind. Sie verstellen sich nicht. Sie sind, wie sie sind. Zeigen Schmerz, Tränen, Freude und Hoffnung. Keiner verstellt sich oder verbirgt seine Gefühle, sein Wesen.

Wie ist das bei uns Menschen vor dem Vorhang?

Wir passen uns an. An die ach so große Gesellschaft. Lassen uns von Medien, Vorgaben und Regeln mitziehen. Sind Mitläufer in allen Dingen. Verbergen unsere Gefühle und Wünsche und machen uns zu jemandem, der wir eigentlich nicht sind. Wir verstecken unser eigenes Wesen, weil wir denken, dass wir dann anerkannt werden.

Hier sage ich laut und deutlich: FALSCH! Wacht auf!

Seid ehrlich zu euch selbst. Wer jetzt denkt, das macht schwach und verletzlich. Ja, irgendwie, sicher. Denn in dem Augenblick, wo man seine eigene Schwäche zeigt, seine Gefühle, seine Ängste, seine Freuden und seine ehrliche Meinung äußert, wird man von der Gesellschaft als unnormal, verrückt und schwach bezeichnet. Man wird abgestempelt und in eine Schublade gelegt.

Doch hier ist ein großer Fehler in der Denkweise.

Denn in psychologischen Kreisen wird immer von Selbstfindung gesprochen. Finde dich selbst. Liebe dich selbst. Akzeptiere dich selbst. Sei du selbst. Zig Sprüche kursieren im Internet, die genau dieses Thema ansprechen, und jeder von euch teilt sie gerne.

## „SEI DU SELBST, ALLE ANDEREN GIBT ES SCHON“ (von Oscar Wilde)

Nun frage ich euch: Warum wird der Mensch – der ist, wie er ist, und sich auch so zeigt, wie er ist – verurteilt?

Warum nimmt man ihn nicht bei der Hand und schätzt die Kraft und den Mut, der in ihm steckt? Denn das benötigte er, um sein wahres Wesen nach außen zu lassen. Warum schätzt man nicht gerade diesen Menschen, der einen an seinen Gefühlen und Gedanken teilhaben lässt? Der einen nicht belügt oder etwas beschönigt?

Wollen wir alle belogen werden?

Wir verurteilen Menschen, die sich zeigen, wie sie sind. Wir nennen sie in schlechter Absicht Egoisten, eingebildet, Selbstdarsteller.

Ich sage euch – ich selbst bin ein Selbstdarsteller und ich lebe es in vollen

Zügen. Denn Selbstdarstellung heißt, authentisch und selbstbewusst sein, meine Persönlichkeit zu kennen und auch anzuerkennen, mich selbst zu lieben mit all meinen Schwächen und Fehlern, jedoch auch Freuden und Wünschen. Stolz auf mich selbst zu sein und dies auch auszusprechen. Mich zu zeigen, wie ich wirklich bin. Auch auf die Gefahr hin, verurteilt zu werden, und ich lerne auf jeder Tour in die Nacht, zu diesen echten Menschen, dazu.

Es ist alles eine Sache der Ansicht.

Sei du selbst – Sei echt – Sei ein Selbstdarsteller. Es macht vielleicht nicht viele Freunde, doch die Richtigen.

„SEI DU SELBST, ALLE ANDEREN GIBT ES SCHON“ (von Oscar Wilde)

## Nebelmagie

Eine unheimliche Stille lag über der Natur. Die Nacht verging, doch der Tag blieb in der Ferne. Dicke Nebelschwaden zogen über die Wiese und in den Wald hinein. Je mehr sich die Nacht zurückzog, desto heller und milchiger wurde die Luft. Die Bäume sahen wie verwunschene Gebilde aus und über den Grashalmen zogen sich glitzernde Nebelfäden. Man musste sich anstrengen, um etwas mit den Augen wahrzunehmen. Es erschien einem, als hätte sich ein großes milchiges Glas vor unsere Augen gelegt.

Es betrübte unser Herz und doch … horchte man in diese verblasste Landschaft, erklangen alle Töne der Natur hohl und weit entfernt, und doch waren sie da. Sie erklangen von weit her, verkündeten den neuen Tag, der anbrach. Man musste genau lauschen, doch dann konnte man sie hören.

Nebel brachte Feuchtigkeit mit sich. Streckte man sein Gesicht und seine Hände nach oben, konnte man diese spüren. Es war, als würde man von zarten Regentröpfchen berührt, die sich sanft auf uns niederließen. Es herrschte Stille und doch waren die Melodien der Natur zu erahnen. Man sah fast nichts und doch war da Helligkeit und Licht, das seinen Weg durch den Nebel fand.

Langsam zog sich die Nebelwand zurück. Die Stille ging mit ihr und der Gesang der Natur wurde lauter und intensiver. Zwischen den sich auflösenden Nebelschwaden brach das Licht hindurch und brachte die ersten Sonnenstrahlen, die unsere Haut berühren, uns aufatmen lassen und uns Hoffnung geben.

Nebel ist Leben, in seiner reinsten Form.
Lest mal beide Wörter rückwärts.

## Christmas

Ganz unverhofft ist er da, der Heiligabend.

Es muss alles perfekt sein.
Das Wohnzimmer muss glitzern im Lichterschein. Bunte Päckchen müssen unter dem Baum liegen, für jeden mindestens eins, wenn nicht noch mehr.

Der Kühlschrank gefüllt mit Leckereien, denn es darf an diesem Tag auf keinen Fall etwas fehlen.
Herausgeputzt im schönsten Sonntagskleid, noch schnell frisiert und Nägel lackiert. Noch mal alles überprüft, die Decke glatt gestrichen, ein Staubkorn hier und da entfernt.

Dann ist es Abend, die Nacht beginnt und all die Mühe verrinnt. Überall liegen Papierfetzen im Zimmer, die Spüle quillt über, man ist geschafft und wenn man

Glück hat, wurden einem mal keine Vorwürfe gemacht. Dass das Geschenk nicht richtig war oder das Essen nicht wunderbar.
Der Überfluss verdirbt im Schrank, der Tag hat uns alles abverlangt.

Im Nachbarhaus ist Stille dagegen, ein einsames Lichtchen flackert schwach, ein Weihnachtslied leise erklingt und der Mensch, der dort alleine sitzt, in Erinnerungen mit sich kämpft, dass dieser Tag ein Ende nimmt.

Dabei soll dieser Tag uns Ruhe schenken, uns gemütlich Zeit mit unserer Familie bringen. Es sollte erzählt, gelacht und auch geschwiegen, die Besinnlichkeit des Abends in Freude genießen.

So verkehrt ist diese Welt und egal, wie man es hält, sollte man sich doch wieder besinnen, dass das Schönste, was man schenken kann, die Zeit ist, die man mit seinen Liebsten verbringen kann.

Kein eingepacktes buntes Päckchen, kein Essen auf dem Tisch ist so wertvoll wie Zeit, die oftmals zu schnell verrinnt.

## Zusammenhalt

Gigantische Bauwerke – aus Steinen
gebaut.

Was haben sie alles gesehen?

Wenn sie reden könnten, was werden sie
uns zu berichten haben?

So viele Sonnenauf- und Sonnenuntergänge
haben sie erlebt.
Jahreszeiten, die die verschiedensten
Naturveränderungen mit sich brachten.
Menschen, die kamen und gingen.

Sie jedoch stehen immer noch.

Trotzen allen Einflüssen von außen.
Sie hatten friedliche Zeiten, jedoch auch
Kriege, in deren ihre Stärke und
Standhaftigkeit auf eine harte Probe gestellt
wurden.

Sie stehen jedoch immer noch da.

Von Wunden überzogen, im Raum der
dahinfließenden Zeit.
Von Menschenhand vereint zu einem
großen Bauwerk.
Ein Stein allein hätte diese Gezeiten nicht
überstanden, jedoch viele zusammengefügt.
Trotzen dem gesamten Universum.

Was der Mensch vermag, weiß er oft nicht.
Ganz unbewusst tut er es.

Warum, frage ich euch nun, macht er es
nicht bei sich selbst?
Warum arbeitet er hier oft gegeneinander
anstatt miteinander?
Ein Mensch allein ist nicht schwach, doch
gemeinsam läuft er zu großen Fähigkeiten
auf und kann eine Menge bewegen und
erschaffen.

Denk mal darüber nach.
Steine – Burgen – Schlösser – selbst
Ruinen, die gefallenen Steine, haben noch
immer die Kraft der Stärke in sich.

Sie sind gefallen und trotzdem überdauern
sie noch viele Jahrzehnte –
Wind und Wetter in der Vergänglichkeit
der Zeit.

## Mein Bild des Lebens

Wenn wir geboren werden, stehen wir vor einer leeren Leinwand.

Mit jedem Atemzug, jedem Herzschlag malt sich unser Bild auf die weiße Wand.

Es ist ein wechselndes Bild, voller bunter Farben.

Doch gibt es auch Momente, die uns die Leinwand dunkel einfärben lassen. Doch wenn diese Schicht getrocknet ist, können wir sie wieder mit fröhlich bunten Farben übermalen.

Es liegt an uns, an jedem Einzelnen, dieses Bild zu gestalten und zum Leben zu erwecken.

Kein anderer sollte hier den Pinsel schwingen – das ist nur uns selbst vorbehalten.

Wir entscheiden, wie es am Ende unserer Tage aussieht.

Wie viele Schichten aufgetragen wurden und wie fröhlich es am Ende in den Herzen unserer Liebsten als Erinnerung zurückbleibt.

In dem Bild sind alle Facetten des Lebens, das man gelebt hat, verborgen.

Ich habe viele Bilder in meinen Herzen, von Menschen, die jetzt auf mich herabblicken und lächeln.

Es sind Bilder mit vielen Schichten und doch ist die letzte Schicht eine farbige.

Genauso möchte ich mein Bild gestalten – ich habe von einem besonderen Menschen mit viel Dunkelheit gelernt und doch brachte ich ihn dazu, das Bunte zu sehen und zwischen seine dunklen Farben zu quetschen.

Immer in meinen Erinnerungen und nun auch als Fledermaus Malu auf meinem Arm tätowiert.

Malu (mein Darsteller in meinen Büchern) verkörpert die Unendlichkeit, Widergeburt, Kraft und Stille. Unsere Bilder des Lebens werden immer hell erstrahlen. Seins in meinen Erinnerungen und meines gestalte ich nach meinen Werten, die er mich gelehrt hat, zu sehen und zu finden:

Nur du bist für dein Bild verantwortlich – sei ehrlich, respektvoll und du selbst. Mit weniger gib dich nicht zufrieden, denn das sind die Farben deiner Seele – sie sind dein Bild.

## Lebenszeit

Wie oft sagen wir, die Zeit geht so schnell vorbei?
Doch wie oft nehmen wir uns keine Zeit für die Dinge, die wirklich wichtig sind im Leben?
Zeit für Menschen, die uns etwas bedeuten.
Zeit, sie mal anzurufen, kurz mal Hallo zu sagen.
Zeit, ein Lachen in das Gesicht zu zaubern, innezuhalten und dem zu lauschen.
Zeit, selbst zu lächeln und Freude zu bereiten.
Zeit, jemanden zu umarmen, der es nötig hat, und haben wir das nicht alle nötig, von Zeit zu Zeit.
Zeit, ein liebes Wort zu sagen – schön, dass es dich gibt, oder ich mag dich.
Wie oft erwischen wir uns dabei, dass wir absagen, was wir vorher zugesagt haben?
Aus Nichtigkeiten sagen wir ab.
Verletzen und enttäuschen unbewusst.
Wir denken nicht darüber nach, dass es vielleicht für diesen Menschen wichtig

gewesen wäre, dass wir unsere Zusage
eingehalten hätten.
Wie oft bereuen wir es, es nicht getan zu
haben, zu diesem Zeitpunkt?
Man denkt immer, man hat noch so viel
Zeit.
Ich weiß, wie kurzlebig die Zeit ist, und
wenn ich heute noch mal zurückgehen
könnte, würde ich vieles anders machen,
nichts verschieben oder sagen, ich habe
keine Zeit.
Doch ich habe daraus gelernt und das sollte
jeder von uns.
Zeit ist so ein kostbares Geschenk – und ist
sie erst mal vergangen, können wir sie nicht
mehr zurückholen.
Deswegen nutzt die Zeit – JETZT –
nicht nachher,
nicht morgen,
nicht vielleicht.
Schon morgen könnte keine Zeit mehr da
sein
zum Lachen,
zum Freude schenken, zum Leben.
Ich nehme mir Zeit – JETZT –,

um dir zu sagen, es ist schön, dass es dich gibt.
Ich nehme dich in Gedanken in den Arm, weil ich weiß, dass du es jetzt brauchst.
Ich schenke dir diese Zeit, die für mich nicht wiederkommt – doch ich weiß, dass es Zeit war, die ich dir von Herzen gerne gegeben habe.

Wichtige Zeit – nur Minuten auf der Uhr – und doch ein Leben.

## Sterne am Himmel

Das ganze Firmament glitzert von ihrem Schein.

Doch Sterne sind nicht Sterne – es sind kleine Seelen, die auf uns herunterlächeln.

Abertausende lächelnde Gesichter, die einmal unser irdisches Leben bereichert haben.
Wir mussten sie gehen lassen von dieser Welt – doch in unseren Herzen strahlen sie weiter und geben uns Wärme durch die Erinnerungen, die sie zurückgelassen haben.

Jeder von uns hat Sterne am Himmel und nur wir können unsere Sterne finden, wenn wir nach oben sehen.
Denn für uns leuchten sie besonders hell.

Sterne zeigen uns an, wie kurzlebig die Zeit ist.
Sie lehren uns, das Leben auf dieser Erde jeden kleinen Augenblick zu genießen.

Nehmt euch Zeit, abends, wenn es dunkel ist, und blickt in den Himmel – schickt ein Lächeln empor und spürt die Wärme in eurem Inneren, die zurückstrahlt.

Sie sind immer da, auch am Tage, doch da können wir sie nicht sehen –, denn das Wesentliche ist für die Augen unsichtbar.
Das Wissen ist es,
was diese Sterne zu etwas Besonderem macht.

Irgendwann werden auch wir ein Stern sein
und dann vertrauen wir darauf,
wenn wir am Himmel mit unseren Sternen
glücklich vereint sind,
dass andere in der Nacht zu uns
hochblicken und lächeln.

## Expedition Leben

Ich habe eine fantastische Entdeckung gemacht. Natürlich will ich euch daran teilhaben lassen, an dieser außergewöhnlichen Gattung. Eine Lebensart, die so viele Facetten verkörpert. Sie vereint so vieles und ist wirklich faszinierend.

Was ist das für eine Gattung?, fragt ihr euch. Ich werde sie euch etwas näher beschreiben, damit ihr sie mit den richtigen Augen seht.

Zuerst einmal der Körper, in der diese Gattung steckt. Er kann ganz verschieden aussehen. Groß oder klein, schmächtig oder auch etwas molliger. Vor Stärke trotzend, jedoch auch von Schwäche gezeichnet. Gebeugt von der Last des Lebens, jedoch auch aufrecht stehend.

Doch macht der Körper diese Gattung aus?

Gehen wir mal zum Wesen dieser Art. Zum inneren Kern. Darin steckt so vieles verborgen. Natürlich ein Herz und auch eine Seele. Das Herz dieser Gattung ist stark. Es verkraftet viel in seinem Lebenszyklus. Egal, ob Liebe, Trauer, Hass, Verzweiflung und Glück, es klopft beständig weiter. Manchmal ruckelt es ein bisschen und braucht wieder einen sanften Schubser.

Jedoch macht das Herz diese Gattung aus? Ein Muskel, der im Körper schlägt?

Es gibt noch mehr, das diese Art in sich trägt. Es ist die Seele. Dieses kleine Fünkchen Licht, das im Verborgenen steckt und doch das ganze Wesen steuert.

Die Seele ist es, die dieser Gattung die Kraft gibt, das Lebenswerk zu meistern. Sie empfindet Leid und Schmerz, blutet und heilt, weint und lacht. Dieses kleine Licht macht diese Gattung zu etwas Besonderem.

Denn auch wenn man von einer Art spricht, ist jede einzelne Seele einzigartig in ihrem Wesen.

Diese Einzigartigkeit macht diese Gattung aus.

Wir schauen oft nur auf das Äußere, den Körper. Doch bei dieser Gattung zählt das Innere, dieses, was verborgen scheint und nicht direkt erkenntlich. Nehmt euch Zeit, wenn ihr dieser Gattung begegnet. Schaut über das Äußere hinweg und lernt das kleine Fünkchen Licht kennen, das im Inneren wohnt. Ihr werdet sehen, dort verbirgt sich der wahre Kern der Gattung. Nun wollt ihr sicher wissen, wie diese Art heißt. Diese außergewöhnliche Lebensform, die so einzigartig ist.

Es ist der Mensch.

## Begegnungen

Ich möchte euch von meinen besonderen Begegnungen erzählen, die mein Herz erwärmten, meine Seele lachen ließen und sehr kostbar sind im Leben.

Die erste Begegnung kenne ich 38 Jahre und wir hatten sehr viel Spaß in dieser Zeit, haben zusammen gefeiert, gelacht und viel erlebt. Wir sehen uns sehr selten und trotz allem sind wir immer füreinander da. Sie zu sehen ist immer ein wunderschöner Augenblick.

Die zweite Begegnung war ein Mensch aus meiner Kindheit, der ein zweites Leben geschenkt bekam, sich daraus hervorgekämpft hat und nun lachend vor mir stand.

Die dritte Begegnung kenne ich 47 Jahre und in der ganzen Zeit haben wir uns nie aus den Augen verloren. Wir haben die Zeit genutzt, zusammen zu lachen, zu tanzen und zu weinen. Es war sozusagen eine

Zweimann-Party, doch sie war lustiger als eine Party mit vielen Personen.

Die vierte Begegnung war etwas Megabesonderes.
Vor 25 Jahren trennten sich unsere Wege. Wir verließen gleichzeitig unsere Heimat und zogen in die Welt.
Ich verletzte sie tief. Doch ich befand mich damals in einer Situation, in der ich es einfach nicht übers Herz brachte, den Part, den sie für mich gedacht hatte, einzugehen. Durch einen großen Zufall trafen wir uns nun, nach 25 Jahren, das erste Mal wieder. Es war bewegend, tränenreich und es hat mir gezeigt, es ist nie zu spät, sein Schweigen zu brechen.
Mir wurde verziehen, ein so kostbares Geschenk. Verdiene ich es? Sie sagt ja.

Begegnungen sind etwas Wunderschönes und sie bringen Kraft und Freude.

Oftmals sind es gerade Begegnungen mit Menschen, die man nicht so häufig sieht, die manchmal in unseren täglichen

Gedanken verloren gehen, gerade diese Begegnungen, die uns am Ende so viel schenken.

Ich danke für diese wundervollen Begegnungen, die in einer sehr kurzen Zeit auf mich einstürmten.

Begegnungen mit außergewöhnlichen Menschen, die mich nicht verurteilen, mir verzeihen, die ihre Arme um mich legen und mir zeigen, dass ich ein sehr reicher Mensch bin.

Denn ich habe das Kostbarste, was es auf Erden gibt.
Echte Freunde – eine ausgesuchte Familie.

## Hamsterrad

Kein Vorwärtskommen.
Man läuft darin immer im Kreis, starrt vor sich hin, gedankenleer. Tränen fließen lautlos über die Wangen. Doch man setzt einen Schritt vor den anderen.
Man möchte raus, in den Arm genommen werden, möchte Wärme und Geborgenheit spüren. Man möchte reden, doch keiner hört zu. Man möchte wahrgenommen und verstanden werden, doch keiner nimmt sich die Zeit.

Das Hamsterrad dreht sich und wir laufen mit.

Immer im Kreis. Der Absprung unmöglich.
Man beobachtet uns, sieht uns, jedoch nimmt man uns nicht wahr.
Wir lächeln und lachen und halten uns auf den Beinen, um nicht zu stürzen.

Doch das Hamsterrad dreht sich und wir laufen mit.

Die Beine gehen alleine, sie sind es gewöhnt, sich zu bewegen, immer im Takt des Hamsterrades.
Wir sehen gesund und munter aus, denn wir bewegen uns ständig und viele bewundern uns auch. Andere verurteilen uns, weil wir so hilflos sind und im Kreis rennen.

Denn das Hamsterrad dreht sich immer weiter.

Was bleibt, ist die Sehnsucht. Nach jemandem, der das Hamsterrad stoppt. Uns heraushilft, in den Arm nimmt, uns zuhört und uns versteht. Der uns zu Atem kommen lässt und das Hamsterrad zerstört.

Doch wir laufen, solange es sich dreht, im Hamsterrad immer mit.
Dieses Hamsterrad heißt Depression.

## Herzmenschen

Doch was steckt eigentlich dahinter?

Was sind Herzensmenschen?

Es sind Menschen, die aufopfernd sind. Sich für andere einsetzen, denen es schlecht geht und die dringend etwas Licht in ihrem Leben brauchen.
Herzmenschen sind nett, freundlich, haben immer ein Lächeln auf den Lippen und erfreuen schon mit ihrem leuchtenden Wesen andere.
Herzmenschen sind kraftvoll, stark, denken zuerst an andere, bevor sie an sich selbst denken, und haben Freude daran, anderen etwas Gutes zu tun.
Herzmenschen erfreuen sich an den kleinen Augenblicken.

Doch wisst ihr was?

Ein Herzmensch kennt viele Menschen, mit denen er kommuniziert und für die er immer ein Lächeln im Gesicht hat und ein nettes Wort.

Doch auch ein Herzmensch ist ein Mensch wie jeder andere.
Er hat Gefühle.
Er hat Ängste, er hat Freuden, er hat Schwächen.
Er trägt nicht nur seine eigene Last, sondern auch die Last der anderen, denen er hilft.

Ja, er macht es gerne und aus Überzeugung.
Wisst ihr auch, warum er es macht?
Weil er es für sich so entschieden hat.
Weil er es kann.
Weil er am besten weiß, wie es ist, wenn es einem schlecht geht, und keiner ist da.

Weil er sein eigenes Leid verbirgt, unter Tränen lacht und andere glücklich macht.

MENSCH BLEIBT MENSCH

Vergesst eure Herzmenschen nicht, die ihr kennt – gebt ihnen nicht nur die Bezeichnung, um sie damit zu etwas

Besonderem zu machen. Schaut tiefer in sie hinein und erkennt das wahre Wesen, das dahintersteckt.

Auch ein Herzmensch braucht ab und zu mal einen Menschen, der ihn einfach nur in den Arm nimmt und sagt: „Ich bin für dich da.“

## Sonnengedanken

Wenn die Welt vom Krieg durchzogen ist
und Unzufriedenheit die Menschen benetzt.

Erstrahlt das Licht vom Firmament und
senkt sich über unser Leben,

auf dass es uns ein Lächeln schenkt.

Die Sonne scheint mit aller Kraft und jeder
Mensch darin erwacht.

Vergessen ist das Leid der Welt,

wenn warme Strahlen unsere Seelen küssen
und Wärme in uns hinterlässt.

Die Sonne zeigt uns an, wie schön das
Leben doch sein kann.

Wenn wir das kleine Licht erblicken, das
Fröhlichkeit in uns bringt,

wir in diesen kleinen Augenblicken
erkennen, dass uns die Dunkelheit nicht
besiegt.

## Hilflos

Ein Gefühl, das uns überkommt.
Aus einer Situation heraus geboren.
Es ist verbunden mit vielen tiefgründigen Gefühlen.

Es kommen Fragen auf: Warum, wieso, weshalb?

Hilflos heißt nicht unbedingt, dass man selbst Hilfe benötigt, sondern oftmals ist es aus Situationen heraus geboren, wo Unverständnis, Ungerechtigkeit und Unglaube uns im Wege stehen.

Dieses Gefühl ist erdrückend, nimmt uns die Luft zum Atmen.

In solchen Situationen sind uns viele Türen verschlossen. Wir möchten sie aufstoßen, doch sie sind fest verriegelt.

Sich hilflos zu fühlen, ist eines der schrecklichsten Gefühle.

Was kann ich tun?
Wie mache ich es richtig?
Wie gehe ich damit um?

Der größte Fehler ist zu schweigen. Es hinzunehmen und in sich zu vergraben.

Wenn man sich hilflos fühlt, ist man eingeschränkt in seinem Tun. Man verliert seine Fröhlichkeit und den Glauben an die Welt, denn Traurigkeit legt sich über die Seele und macht uns krank.

Wir fühlen uns hilflos in so vielen Situationen und doch sollten wir hier den Mund nicht verschließen, Worte finden, Gefühle nach außen lassen und es hinausschreien.
Der Druck der Hilflosigkeit, der auf unserer Seele liegt, erstickt uns sonst.
Das Risiko, auf Ungnade und Ignoranz zu stoßen, sollten wir mit erhobenem Kopf eingehen.
Nichts zu tun, es einfach hinzunehmen, ist gleichzustellen mit Ignoranz, mit Wegsehen, mit Aufgeben.

Lasst uns nicht hilflos zusehen.
Lasst uns reagieren anstatt zu ignorieren.
Lasst uns hinsehen anstatt wegzusehen.
Lasst nicht zu, dass das Gefühl der
Hilflosigkeit euer Sein beherrscht.

Gerade dieses Gefühl, das Gefühl, sich
hilflos zu fühlen, sollte unser Ansporn dazu
sein, aufzustehen und nicht liegen zu
bleiben.

Wir alle können nicht die Welt retten, doch
jeder Einzelne kann etwas dazu beitragen,
dass sie etwas besser und gerechter wird.

Nehmt euch ein Beispiel an unserer Natur,
selbst aus nacktem Stein quälen sich
einzelne Blümchen empor und entfalten
sich zu ihrer Schönheit. Sie geben nicht
auf.

STEHT AUF UND KÄMPFT

## Sei ein Clown

Ein Clown, der morgens vor dir steht, wenn
dein Gesicht sich zum Spiegel dreht.
Dann kann ein wundervoller Tag beginnen,
der Fröhlichkeit in deinem Inneren lässt
erklingen.

Sein Gesicht ist voller Farben, wie dein Tag
mit einem Regenbogen beginnen mag.

Die Tränen des Clowns musst du nicht
fürchten, denn wenn du sie nicht kennst,
wirst du die Freude über das Lächeln nicht
versteh'n und kannst nicht deine Wege
geh'n.

Ein Clown ist alles, was du brauchst am
Tag, denn er vermag dir etwas zu schenken,
was zu Glück und Zufriedenheit dein Leben
wird lenken.

Drum nimm dir ein Beispiel, schau ihn an
und sieh, wie er auch unter Tränen lachen
kann.

Er ist ein fester Teil deines Wesens,
versteckt sich in dir und lacht dich an, weil
er es nicht lassen kann.

Lass ihn raus alle Tage, sei verrückt und
lache laut.
Lass dich von ihm führen an der Hand, er
zeigt dir ein lustiges Land.

Er wird dich immer treu begleiten, wird
immer neben dir steh'n und solltest du ihn
einmal vermissen, brauchst du nur in den
Spiegel seh'n.

## Werte

Jeder verdient es, mit Respekt und Würde behandelt zu werden.

Doch hierzu gehört nicht nur, dass wir andere Lebensformen, Staatszugehörigkeiten und andere Neigungen akzeptieren – sondern es gehört noch viel mehr dazu.

Es gehört auch eine korrekte nicht abwertende Wortwahl, ein guter Gesprächston, Akzeptanz einer Meinung und vor allem ein respektvoller Umgang miteinander dazu.

Schon in jungen Jahren lernen wir bitte und Danke sagen, dass man grüßt und vor allem, dass man jeden Menschen mit Respekt behandelt (zumindest lernte ich das noch).

Ob im Internet oder auch im realen Leben, kommt es immer wieder vor, dass dies vergessen wird.

Im Gefecht kann viel passieren, manchmal wird man ausfällig, verletzend, genervt und wütend. Oft fühlen wir uns persönlich angegriffen, obwohl es um eine Sache geht.

Doch hat man einen Fehler begangen, eine falsche Wortwahl gewählt, war erniedrigend, ungerecht oder abwertend, muss man auch die Stärke besitzen und sich entschuldigen. Denn auch das ist Respekt und tut nicht weh.

Verletzt ist jemand schnell, doch besänftigt – da gehört mehr dazu. Leider zerbrechen daran die meisten Freundschaften.

Wisst ihr, wir sagen immer, Mensch bleibt Mensch. Diese Aussage bedeutet nichts anderes als Respekt.

Mich erschreckt nicht, dass Menschen den Hintergrund von dieser Aussage nicht verstehen und leben, sondern es erschreckt mich, dass sie nicht darüber nachdenken und die Stärke besitzen, begangene

Ausrutscher zuzugeben und zu korrigieren. Jeder von uns hat mal solche Ausrutscher und wir sollten immer darüber nachdenken, wie wir uns fühlen würden, und dann richtig handeln.

„Der Respekt und die Achtung, die jemand seinem Gegenüber schenkt, zeigt den Charakter, den er selbst besitzt.“
(Quelle unbekannt)
(Alle lieben Sprüche, doch wird auch verstanden, was darin versteckt ist?)

Im Internet ist es leicht, denn es ist gesichtslos und mit einem Knopfdruck kann man das Problem lösen und denkt, damit ist es weg. Na ja, Fehldenken. Jedoch egal, wo, jeder verdient es, wie ein Mensch behandelt zu werden.

Respektvoll und mit Würde.

## Vergiss niemals deinen eigenen Wert

Wie oft im Leben müssen wir Entscheidungen treffen.

Es gibt Entscheidungen, die wir aus dem Herzen heraus treffen, und dann gibt es Entscheidungen, die uns im Herzen schmerzen und die wir trotzdem treffen müssen. Warum? – Für uns selbst.
Das sind Entscheidungen, die jedoch die wichtigsten im Leben sind.

Es hat was mit unseren Werten zu tun, für die jeder Einzelne sich entschieden hat zu leben.
Meine Werte sind Respekt, Ehrlichkeit, Ehre, Treue, Würde und daran halte ich fest.

Diese Werte lebe ich nicht nur nach außen, sondern ich lebe sie in erster Linie für mich. Denn in meinem Leben bin ich wichtig und stehe an erster Stelle.
Das mag egoistisch klingen, ist es aber nicht. Denn wenn du selbst nicht deinen

Werten treu bist, kannst du sie auch nach außen hin nicht leben.
Meine Werte sind meine Stärke, meine Ehrlichkeit meine Kraft und nichts stellt sich mir in den Weg.
Ich habe zu viel gekämpft in meinem Leben, als dass ich meine Energie jetzt für etwas einsetze, was nicht geschätzt wird, mit Füßen getreten, verdreht und vor allem mir wehtut.
Ich bin ein loyaler Mensch, so lange man mir loyal gegenübertritt.

Alles, was mir nicht guttut, weise ich von mir. Denn ich hatte genug Mist im Leben, als dass ich mich damit jetzt beschäftige. Auch wenn es mich noch so sehr schmerzt, diese Entscheidung zu treffen, weiß ich, dass es die Richtige ist.
Denn alles, was mir nicht guttut, was mich verletzt, was mich traurig macht, was ich selbst nicht mehr verantworten kann, hat in meinem Leben nichts zu suchen.

Das heißt jedoch nicht, dass ich aufgebe, denn das ist keine Option für mich. Ich orientiere mich nur um.

Jedoch egal, was man aufgibt, es bleibt immer etwas Positives davon hängen, und wenn es die eine oder andere gute, ehrliche Freundschaft ist, dann bin ich glücklich und ein sehr reicher Mensch.

## Ich sitze hier und lächle

Jetzt wollt ihr sicher wissen, warum?
Eigentlich einfach so, weil mir gerade danach ist.
Brauchen wir immer einen Grund, um zu lächeln?

Können wir es nicht einfach mal tun, nur weil uns danach ist? Weil wir es gerade jetzt brauchen?
Weil wir das Gefühl brauchen, das ein Lächeln mit sich bringt?

Versucht es mal.

Setzt euch hin und lächelt. Lasst dieses Gefühl auf euch wirken, das das Lächeln in eurem Gesicht mit sich bringt. Genießt es, taucht darin ein.

Dann hört auf eure Gedanken und ihr werdet feststellen, plötzlich sind da Erinnerungen an Dinge, die euch noch mehr lächeln lassen.
Es ist wie ein Rausch, der durch den

Körper zieht.

Eure Mundwinkel verziehen sich immer mehr. Vielleicht lacht ihr sogar laut auf und es geht euch schlagartig besser.

Ihr habt das Gefühl, durch das Zimmer tanzen zu müssen, und das Verlangen nach Freude und Spaß steigt.

Wenn das passiert, dann lasst es zu – seid verrückt und lebt es voll aus.

Und während ihr das jetzt gelesen habt, beachtet mal eure Mundwinkel, vielleicht haben sie sich schon zu einem Lächeln verzogen.

Ich werde es jetzt tun.

Immer
lächeln

## „Du tust mir gut“

ist mehr wert als der Satz „Ich liebe dich“.

Doch manchmal, in Sekunden, bricht eine Welt zusammen.
Ein Gefühl, schmerzhaft, traurig und beängstigend.

Ehrlichkeit ist oft der Auslöser.

Man spricht offen seine Gefühle aus. Das, was einen bewegt, gerade jetzt, in diesem Moment.

Man möchte nicht verletzen, doch man tut es unbewusst.
Ehrlichkeit ist schmerzhaft. Kann tiefe Wunden schlagen.

Auszusprechen, was einen bewegt, ist befreiend und es gibt keine größere Ehrlichkeit.

Doch wisst ihr, verletzt man einen Menschen, weil man ehrlich ist und

Moment-Gefühle ausspricht, muss man auch bereit sein zuzuhören.

Wir alle haben Ängste in uns. Sie rauszulassen und auszusprechen ist Stärke, denn nur so lernt dich dein Gegenüber kennen und erfährt, was dich im Inneren bewegt.

Es ist wie ein Weltuntergang und trotzdem ist es der höchste Beweis, dass jemandem etwas an dir liegt.

Mit Worten verletzen und mit zuhören heilen, das ist der Ablauf der Ehrlichkeit.

## Die stille Zeit beginnt

Draußen ist es kalt und dunkel und die
Natur im Schlaf versunken.

Kerzenlicht erwärmt die Zimmer und
Lichter glitzern überall.

Der Duft von Zimt und süßen Plätzchen
lässt unsere Geschmacksknospen sich
erfreuen.

Wir kuscheln freudig in einem Eckchen,
mit einem warmen kuscheligen Deckchen.

Leise Klänge in unserer Fantasie schenken
uns eine wunderschöne Melodie.

Schweigend rücken wir zusammen, teilen
Wärme und Gefühle und wir hören voller
Verlangen die Liebe in uns erblühen.

Weihnachtszeit ist stille Zeit, die wir
sollten genießen.

Ohne Worte, einfach Sein, den Alltag mal vergessen.

Wir jagen viel zu oft durchs Leben und suchen Freude, Glück und den Sinn des Lebens.

Doch haben wir das Wichtigste vergessen: dass dies alles in uns verborgen steckt.

Darum nehmt euch Zeit, die Stille zu genießen, und habt eine schöne Weihnachtszeit.

## Leben

Wisst ihr, was Leben ist?

Leben ist das Gefühl von Geborgenheit,
von Liebe, von Trauer,
von Schmerz, von Zuversicht, von
Hoffnung, von Glück.
Leben ist alles.

Wir klagen, wir weinen, wir schimpfen, wir
jammern, wir streiten, wir lassen uns
beeinflussen, belügen uns selbst und wir
geben auf.
Doch das ist nicht Leben.

Lasst euch von mir gesagt sein, dass ihr das
Gefühl des Lebens nie wirklich spürt, wenn
ihr nicht anfangt zu kämpfen, nach vorne
zu schauen, eure Ziele verfolgt, ehrlich seid
zu euch selbst, liebt und lacht und vor
allem an euren Werten festhaltet.

Selbst Tiefpunkte dürfen uns nicht
aufhalten und jeder von uns hat das Recht,
zu weinen, zu trauern, traurig zu sein und

Einsamkeit zu spüren.

Doch um zu leben, muss man aufstehen, unter Tränen lachen, Schmerz ertragen, Einsamkeit bewältigen, einen Schritt vor den anderen setzen und vor allem nie die Hoffnung aufgeben, denn es gibt immer einen Ausweg.

Mein Leben war Kampf und mein Leben ist Kampf, denn die Wunden werde ich immer in mir tragen.

Ich bin ein verletzter Mensch, innerlich kaputt und oft kraftlos, durch die vielen Kämpfe, die ich ausgefochten habe – für was? Um zu leben.

Doch Aufgeben ist keine Option, denn die Kämpfe haben mich auch stark gemacht und mir immer und immer wieder gezeigt, was Leben ist.

Leben ist nicht nur ein Gefühl.
Leben ist alles.

## Gefühle

Es gibt Momente im Leben, in denen dir
Gefühle die Luft nehmen.

Du hast das Gefühl, zu ersticken, und dein
Inneres zittert.

Tränen verlassen deine Augen, obwohl du
sie zurückhalten willst.
Du spürst einen Schmerz, der jedoch keine
Wunde hat.

Dir ist kalt, obwohl Wärme um dich herum
ist.

Dir wird übel und du möchtest dich am
liebsten verkriechen, in ein kleines
Schneckenhaus, zusammenrollen in der
Dunkelheit.

Gedanken beherrschen dieses Gefühl.
Du bist nicht genug.
Du bist nur ein Spiel.
Du bist es nicht wert.
Es sind Lügen, doch in diesem Moment

glaubst du es.

Du fühlst dich wie in einem Irrgarten, aus dem du nicht herauskommst.

Wie gelähmt steht die Zeit still, doch du kannst nichts dagegen tun.

Du möchtest es nicht spüren, möchtest es verdrängen, doch du bist machtlos dagegen.

Auch das bist du.

Du besitzt die Fähigkeit, tiefe Gefühle zu spüren, den Schmerz, den sie mitbringen, auszuhalten und auch noch Verständnis dafür zu zeigen.

Vergiss nie, es ist dein Gefühl.
Erwarte nicht, dass andere es verstehen.

Verurteile es nicht, nimm es an.

Sei stolz darauf, dass du fähig bist, zu fühlen.

Es ist eine Form deiner Stärke, dieses Gefühl zuzulassen und vor allem auszuhalten.

Es ist das Gefühl der Enttäuschung, der Angst und der Einsamkeit.

## Fassaden

Fassaden dienen dem Schutz, dem
Verbergen, der Wärme im Inneren, dem
Ansehen nach außen.

Doch schaut man hinter die Fassaden, sieht
man oft eine ganz andere Welt. Es ist
dunkel, es bröckelt und ist kalt.

Ich schrieb neulich auf die Frage.
„Wie geht es dir?“:
„Eine meiner Fassaden ist immer intakt, die
der Außenwelt zeigt, wie gut es mir geht.
Ein Lachen hier, ein Lachen da und die
Welt ist bunt.“

Die Antwort erschreckte mich und
deswegen schrieb ich diese Antwort
mehrmals, auf immer die gleiche Frage,
wenn sie mich erreichte.
Ich bekam ohne Ausnahme die gleiche
Antwort.
„Es ist schön, dass es dir gut geht.“

Es zeigt mir, dass meine Fassade

funktioniert, dass sie dicht ist und schön anzusehen, dass sie bunt ist und der Sonne entgegenlacht.

Jedoch zeigt es mir auch, dass jeder, der mir diese Frage gestellt hat, die Antwort gar nicht wahrgenommen hat.
Mich gar nicht sieht, sondern nur die Fassade, die mich umgibt. Traurig und verletzend.

Wir blicken nur auf Fassaden, anstatt dass wir uns die Zeit nehmen und dahinter schauen.

Wir bilden uns ein Urteil, nach dem, was unser erster Blick erkennt.

Dann wird oft schnell reagiert und hier liegt der Fokus auf die schönen Adjektive, weil es einfacher ist, als dass wir tiefer blicken.

Bröckelt eine Fassade und sieht sie nicht mehr so schön aus, grau, riesig, kurz vor dem Einsturz dann gehen wir weg.
Sollen sich doch andere darum kümmern,

um ihr wieder Halt zu geben.

Einige treten auch noch dagegen und erfreuen sich daran, wenn ein Stück Putz herunterfällt.

Stürzt die Fassade ein, wird ein Zaun aufgestellt und Sperrgebiet daraus gemacht. Es ist ein Schandfleck und was übrig bleibt, ist ein Berg Schutt.

Doch dieser Schutt ist ein Teil von einer Fassade und auch wenn er jetzt am Boden liegt, unbeachtet, verurteilt, zertreten, hatte er seinen Wert.

Er ist und bleibt ein Stück einer ehemals schönen Fassade.

Gedanken sind frei. Was sie uns sagen, bleibt jedem selbst überlassen.

## Wolken

Wolken sind ständig über uns, doch die wenigsten von uns nehmen sich die Zeit, sie intensiv zu beobachten.

Wir schauen geradeaus, unseren Weg entlang und auch zu Boden, sodass wir nicht stolpern.

Doch nehmen wir uns die Zeit, nach oben zu sehen, werden wir eine wunderschöne Leinwand erblicken, die über uns steht.
Mit jedem einzelnen Blick verändert sie sich.
Wenn Licht und Schatten dazukommen, verwandelt sie sich in wunderschöne Farben.

Das Besondere an dieser Wolken-Leinwand sind die Gefühle, die sie mit sich bringt.
Unsere Fantasie wird angeregt, Wärme bildet sich in unserem Inneren, Sehnsüchte

werden wach und eine tiefe Entspannung fließt durch unseren Körper.

Man möchte jedes einzelne Bild auf dieser Leinwand festhalten und doch erwarten wir gespannt den nächsten Augenblick.

Doch das ist nicht alles, denn die Wolken ermöglichen dem Licht, sich zu spalten und um uns herum eine weitere Leinwand mit bizarren Spiegelungen zu formen.
Betrachtet man dies alles zusammen, ist man ein Teil einer ständig wechselnden Leinwand.

Eine dieser atemberaubenden Leinwände hätte ich nie gesehen, wenn ich nicht spontan gewesen wäre und meiner inneren Stimme zugehört hätte.
Es mag verrückt gewesen sein, als ich einfach losfuhr an die See und dort gigantische Wolken im Sonnenuntergang beobachtet habe.

Doch wenn wir das hin und wieder nicht tun, einfach spontan sein und vor allem nach oben schauen, verpassen wir wirklich schöne Augenblick.

## Die letzte Einladung

Die Bank stand im Herzen des Parks. Vor ihr lag ein Teich, der in der sternenklaren Nacht glitzerte. Ein alter Mann saß auf der Bank. Neben ihm saß ein kleines Mädchen. Es strahlte von innen heraus und es kam einem vor, als würde es leuchten. In Gedanken versunken beobachteten sie das Wasser.

„Ich habe eine Einladung bekommen“, sagte der Mann in die Stille hinein.

„Und? Nimmst du sie an?“ Die Frage hing zwischen ihnen.

„Ich habe so einige Einladungen in meinem Leben bekommen, doch immer schlug ich sie aus. Ich habe große Sehnsucht danach, diesmal die Einladung anzunehmen, denn dort treffe ich diejenigen, die ich liebe und in meinem Herzen trage.“

„Das ist doch sehr schön und wird bestimmt ein freudiges Ereignis werden.“

„Das wird es. Was mich jedoch etwas davon abhält, ist das Wissen, dass ich, wenn ich diese Einladung annehme, andere unglücklich mache.“

„Es ist deine Entscheidung. Ich kann dir dabei nicht helfen. Doch gehe nach deinem Gefühl. Entscheidungen sind oft nicht leicht im Leben. Oftmals erfreuen sie die einen und gleichzeitig bekümmern sie die anderen. Doch in erster Linie zählt das, was du selbst möchtest.“

Der alte Mann sah hoch zu den Sternen. Tränen perlten aus seinen Augen die Wangen herab. Er breitete seine Arme aus und lächelte. „Ja, ich nehme die Einladung an.“

In diesem Augenblick ergriff das Mädchen seine Hand. Wunderschöne glitzernde

Flügel wuchsen hinter ihr und sie erhoben sich gemeinsam in den Himmel.

Kurz darauf sah man einen neuen Stern am Firmament aufblitzen.

## Ein „Nest“

Warm, gemütlich, beschützt, still.

ENTRISSEN – laut, voller Menschen,
Terminen, Hetze, neuen Eindrücken,
farblos, trübe.

ÜBERFORDERUNG – der Körper
kribbelt, das Innere ist nervös, der Körper
schmerzt, der Geist ist leer und nicht
aufnahmefähig. Nebel, alles dumpf, kalt,
lautloser Lärm.

Ich frage dich, spricht man über diese
Gefühle?
Machen sie dich zu einem schwachen
Menschen?
Machen sie dich angreifbar?

Stark sein heißt auch, schwach zu sein.

Ja – ich finde, man sollte darüber sprechen.

Denn auch diese Gefühle gehören zu uns.

## Ich geh schaukeln

Immer, wenn es mal wieder schwierig wird im Leben – Schaukel suchen und Seele baumeln lassen.

Man ist nie zu alt dafür. Viele lachen, wenn ich schaukeln gehe. Warum? Es ist so ein tolles Gefühl. Als Kind habe ich es geliebt und dieses Kind steckt immer noch in uns.

Also, warum sollen wir nicht schaukeln gehen oder durch Pfützen springen, wenn wir Lust dazu haben? Einfach tun. Egal, was andere denken. Es macht glücklich, verrückte Sachen zu machen. Es bringt einen zum Lachen und erleichtert unbewusst unsere Seele.

Setzt euch auf die Schaukel, stoßt euch ab und spürt diesen Wind der Freiheit in eurem Gesicht. Jauchzt und lacht nach Herzenslust.

Denn das ist Lebensgefühl.

**… und zum Schluss**

Stelle ich euch meinen Clown vor.

Heute schläft er noch etwas, doch wehe, wenn er wach ist.

Dann passieren die unheimlichsten Sachen.

So ein Clown macht den Tag zu etwas Besonderem.

Er ist frei, achtet nicht auf äußere Einflüsse, ihm ist egal, wie wir dabei aussehen, hebt unser Wohlbefinden und bringt uns herzhaft zum Lachen.

Die Erinnerungen, die uns der Clown schenkt, an Augenblicke, in der er aktiv war, sind unvergesslich. Wenn man daran erinnert wird, zaubert es uns so manches Lächeln ins Gesicht.

Es sind diese Momente, die unser Leben ausmachen und uns durch manche müde Zeit begleiten und uns immer wieder zeigen, dass es schön ist, wenn wir ihn rauslassen. Egal, wie alt wir sind.

Bist du voller Sorgen und Last, und denkst an die Dinge, die du nicht schaffst, dann wecke deinen Clown, lass ihn heraus und dein Leben sieht wieder fröhlich aus.

Mit diesen letzten Worten hoffe ich sehr, dass euch meine kleinen Geschichten und Gedichte gefallen haben. Die Magie jeder einzelnen Gedankenwelt liegt in uns. Ihr habt nun einen Einblick in mein Seelenuniversum bekommen.

Gedanken sind frei und unkritisierbar.

Ich würde mich sehr freuen, wenn ihr mir ein paar Worte auf meinen Buchseiten hinterlasst.

**Ich geh jetzt schaukeln**

**und euch alles Liebe**

**Regine Sonnleitner**

## Weitere Bücher

„Der Flug des Falken“
ISBN 978-3-96103-599-1
„Malu – Stimmen des Lebens“
ISBN 978-3-96103-664-6
„Malu – Auf der Suche nach Erkenntnis“
ISBN 978-3-96103-770-4
„Malu und das Geheimnis des kleinen Lichts“
ISBN 978-3-98527-118-4
„Halts Maul Paul“
ISBN 978-3-98527-507-4
„Die Melodie der Steine“
ISBN 978-3-98527-606-6
Auf der Suche nach Heimat
ISBN 978-3-98527-346-1

**Mitschreibende in der Anthologie**

„Osterhasen sterben nie“
ISBN 979-8-71900-642-3
„Unsichtbare Weihnacht“
ISBN 979-8-76679-516-2
„Winterabend“
ISBN 979-8-3651-3-165-1